Банана Јошимото

Н.П.

Роман

Превела с енглеског
КСЕНИЈА ТОДОРОВИЋ

РАД

Изворник
Banana Yoshimoto
N. P.
© *Banana Yoshimoto, 1990*
Translation copyright © Ann Sherif, 1994
© За српско издање, Рад, 2008

I.

Колико сам уопште знала о Сарао Такасеу? Једино да је био несрећан јапански писац, настањен у Сједињеним Државама; писао је прозу — кад није био депресиван. Са четрдесет осам година одузео је себи живот; имао је двоје деце са женом од које је био растављен; кратке приче објављене су као збирка и неколико месеци биле су веома популарне у Америци.

У књизи је било деведесет седам прича под насловом — Н. П. Приповетке су кратке, променљивих тема, попут бележака. Такасе није имао довољно стрпљења да напише дужу приповест. Све ово сазнала сам од Шођија, мог некадашњег момка, који је пронашао Такасеову деведесет осму причу и радио на њеном преводу.

Знате како кажу — када су топле летње ноћи, уз логорску ватру почну приче о духовима, нешто тајанствено мора да се догоди када се стигне до стоте приче. Мени се то десило прошлог лета. Живот ми се одвијао у једној од тих стотих прича, у доба године када је ваздух напет и врео, а плаво летње небо хоће да те усиса. Испричаћу вам шта ми се догодило прошлог лета.

Пре више од пет година, док сам још била у средњој школи, упознала сам децу Сарао Такасеа. Једног дана Шођи ме је повео на пријем код неког издавача. У великој сали с мајушним свећњацима украшеним орхидејама, на огромним столовима били су сребрни послужавници препуни раскошне хране. Зујало је од људи који су ћаскали уз пробрана јела. Безуспешно сам се освртала тражећи неког свог вршњака. Онда сам угледала Такасеову децу и било ми је лакше.

Једног тренутка, док је Шођи разговарао, пробила сам се до места одакле сам могла боље да их осмотрим. Чудесно. Обузело ме је осећање да их одавно знам, из својих снова. Убрзо, међутим, повратила сам се, свесна да се вероватно то догађа свакоме кад их угледа. Њих двоје су, необјашњиво, код других изазивали носталгију, жудњу за кућом.

Шођи је приметио да зурим у њих. "То двоје су последњи живи траг Сарао Такасеа", рекао је.

"Обоје су његова деца?" упитала сам.

"Да, близанци."

"Волела бих да се упознамо."

"Упознаћу те."

"Не заборави — мени је двадесет година, први пут сам овде", упозорила сам га с осмехом.

"Достојно поштовања! Хајдемо." И он се осмехивао.

"Само тренутак, да их још мало посматрам одавде."

Хтела сам да останем на месту одакле могу да их гледам из прикрајка. Кад ме упозна с њима више нећу имати прилике да их тако пажљиво осмотрим. Били су заиста моји вршњаци, рођени рано у браку, док су им родитељи били веома млади. Отац их је убрзо напустио, и с мајком су се вратили у Јапан да би били што ближе породици Такасе. Какав живот!

Очи нисам могла да одвојим од њих. Обоје високи и смеђи. Девојка витка, здрава, блиставе коже. Лице невинашцета, а полудуга хаљина припијена, с дубоким изрезом на леђима. Изгледала је заводљиво, обесно — шта да кажем?

И момак је био шик. Снажан, слика и прилика младића пуног живота и наде — само да није било његових тамних очију. У њима се видео трачак лудила — питала сам се шта ли је наследио од оца.

Не знам због чега су се стално смешили. Стајали су и разговарали, смејали се и осмехивали једно другом. Док сам их посматрала, схватила сам да сам нешто слично већ доживела.

Давно једног дана одшетала сам до ботаничке баште близу куће. Угледала сам једну мајку испружену на трави, у рукама је држала бебу. Топли зраци залазећег сунца окупали су траву блиставом жутозеленом бојом. Никог другог није било. Млада мајка положила је дете на белу простирку. Није се играла нити причала с дететом, само је седела и помно га посматрала. Повремено би, дубоко замишљена, подигла поглед ка небу.

Коса јој је лепршала на ветру, горела на сунцу. Спокојан призор, као на некој Вајатовој слици, оштро супротстављених тамних сенки и светлости. Попут свевидећег приповедача, видела сам у томе слику вечног смираја у којем су срећа и туга сједињене.

Нешто слично догодило се док сам посматрала Такасеове. Сета сјајног вечерњег неба. Можда је то био знак дара који су носили у својим жилама, што ни младост ни доколица не могу да потисну.

Упитала сам Шођија, "Јеси ли одлучио да преведеш Такасеове приче?"

"То ми је намера", одговорио је поносито.

"Како се уопште зове та књига? Само неки иницијали, је л' тако?"

"Н. П."

"И шта би то требало да значи?"

"Норт Поинт."

"Норт Поинт? Не схватам."

"Тако се зове једна стара песма."

"Каква песма?"

"Веома тужна", одговорио је.

2.

Тог дана телефон ме је тргао из дубоког сна. Из кревета сам пружила руку да напипам слушалицу.

"Ћао, Казами. Ја сам. Шта радиш?"

Из слушалице је, лебдећи, излазио глас моје старије сестре. Освестио ме је онај испрекидани звук међународне везе.

"Шта се догодило?"

"Ништа. Све је у реду. Само сам хтела да те чујем", одговорила је сестра.

"Опет си заборавила на разлику у времену. Овде је пет сати ујутро", рекла сам.

"Извини."

"Колико је тамо сати?"

"Осам увече."

Та разлика у времену увек је у мени изазивала необичан осећај. Срећом, постоји телефон, једина ствар која ме је спајала са сестром.

"Како си?" упитала сам је.

"Сањала сам те пре неколико дана. У сну сам те видела како шеташ по крају, и држиш се за руке с неким старијим човеком."

"По којем крају? Код тебе, у Лондону?"

"Да. Тамо иза цркве."

"Охо. Одлично", одговорила сам срећна. Знала сам да се сестрини снови веома често и остваре.

"Да, да, само што сте ми обоје били тужни, и нисам могла да попричам с тобом. Момак је био висок и некако напет; на себи је имао белу мајицу. Ти си била у ђачкој униформи. Пало ми је на памет да можда излазиш са старијим човеком да би се правила важна."

"Ни случајно." Док сам то говорила, жмарци су ми прошли низ кичму. Мора да ме је у сну видела са Шођијем. А уопште није знала за њега.

"Није могуће. Значи, изгубио се мој дар."

"Не брини. Догађа се."

Мисли су ми жестоко јуриле кроз главу. Је ли то неки лош знак? Истина, често ми је био на памети, али не зато што сам хтела да га се сетим. Његов лик би се појављивао ниоткуда на облачном небу, у излогу продавнице, иако тог часа није био део мог свесног памћења.

"Како ти је муж?"

"Добро је. Доћи ћемо на зиму до Јапана. Како је мама? Виђаш ли је често?"

"Да, доста често. Много јој недостајеш."

"Поздрави је. Извини што сам те пробудила. Јавићу се опет ускоро."

"Само прво израчунај временску разлику."

"Договорено. А ти се чувај лоших љубави, чујеш ли." Смејала се.

Обећала сам да ћу се чувати, и опростиле смо се. Кад сам спустила слушалицу, тишина собе се згуснула и почела да ме притиска. Соба се убрзо напунила бледим плаветнилом ране зоре.

Морала сам да проверим. Избауљала сам из кревета и отумарала до писаћег стола. Иза доњих врата налази се кутија коју готово никад не отварам. У њој је старо џепно издање књиге Н. П., једна свеска и масивни "ролекс" сат. Све што ми је остало од Шођија.

Пре четири године убио се превеликом дозом пилула за спавање. Од оног часа кад сам их добила, ове ствари су постале моја драгоценост, моја душа и срце. Понекад, док радим на универзитету, до мене допре далеки звук сирена што урлају градом. Одмах се запитам да пожар можда није негде у близини стана, да ли су Шођијеве ствари на сигурном. Толико ми значе.

Сваку сам ствар посебно подигла да бих се уверила да је иста као и пре, а онда сам их пажљиво поново вратила у кутију. Тек тада сам могла да се опустим на миру.

Са мајком и сестром сам живела све до своје деветнаесте године. Родитељи су се развели кад је мени било девет, а сестри једанаест година. Разишли су се јер се тата заљубио у другу. Све до тада мајка је неуморно радила као слободни преводилац. После развода одлучила је да преводи код куће, да би била уз децу. Прихватала је сваки посао, од превода за неког другог до интервјуа.

Отац нам је недостајао иако смо се добро слагале. Строго узев, у нашој породици била је једна мајка са две ћерке. Међутим, више пута у току дана мењале смо и улоге и узраст. Некад бих ја смиривала мајку када би бризнула у плач, онда би опет она мене бодрила када би ме опхрвали моји проблеми; некад би сестра преузела ту мајчинску дужност. У тешким тренуцима, увек је био неко да те загрли и утеши. И све смо биле спремне да исправимо неспоразуме и стишамо срџбу. Навикле смо да тако живимо.

Онда је мама одлучила да још више времена проводи с нама, па је почела да нам држи часове енглеског. Сваке вечери око десет сати селе бисмо за кухињски сто, извадиле свеске и училе један сат — изговор, речи, једноставне реченице, и томе слично. Била сам мала и нимало одушевљена свакодневним часовима енглеског језика, али сам пристајала — мами за љубав.

Кад се сетим мајке, никад не видим жену нагнуту над судопером, већ једно обично лице с наочарима у металном оквиру, поред мене, на часу енглеског. Сећам се њених бледих прстију како невероватном брзином листају дебеле речнике кад преводи. Док нас је тако подучавала, уназад је прелазила сопствени живот до самог почетка, утискујући још једном у сопствено памћење те основне — не, рудиментарне — енглеске појмове.

Више не живим с мајком, али сваки пут кад се сретнемо, она ме задовољно подсети да сам захваљујући тим

часовима добила посао асистента истраживача у каби-
нету једног професора енглеског. Захваљујући њима и
моја сестра се удала за странца. Само зато што сам вас
научила да уживате у енглеском, каже. То код маме
највише волим.

3.

Следећег јутра, нагло сам се пробудила. Прво што сам
угледала, било је ведро плаветнило летњег неба, које је
сијало кроз отвор међу завесама. По боји је било слич-
но сну који ми се у последње време јављао. У сну сам
плакала. Као да сам у кућу донела златни прах из искон-
ске реке тог сна.

Питала сам се да ли плачем од туге или зато што сам
се управо ослободила туге. У сваком случају, нисам жеље-
ла да се пробудим. Хладан поветарац ушао је кроз про-
зор који је претходне вечери остао одшкринут.

Тог осећања нисам се ослободила ни кад сам стигла
на посао. Још горе, стално сам правила грешке. Једну
за другом. Прво сам разбила шољу за чај, онда сам по-
кварила машину за фотокопирање. Нешто није било у
реду. Чудно сам се осећала, као да се узбуђење из сна
пренело на стварност. Онда сам схватила да све време
покушавам да се сетим шта сам то, у ствари, сањала.

Зато и нисам одговорила на телефон; просто сам га
пустила да звони и звони. Била је то бар десета омашка
тог дана. Онда је професор на крају подигао слушали-
цу и значајно ме погледао. То ме је освестило.

"Кано. За вас је."

Н. П

Запањен, предао ми је телефон. Извинила сам се и прислонила слушалицу на уво, али с друге стране се ништа није чуло. Ко год да је звао, прекинуо је везу.

"Знате ли ко је звао?" упитала сам га, збуњена.

"Не, само вас је тражила; нека жена. Што не направите паузу — изађите, ето, сад на ручак. Данас сте, изгледа, уморни."

"Па, тек је једанаест!" Остали су се целог јутра правили да не примећују моју смушеност. Међутим, кад сам готово одбила професоров савет, натерали су ме да изађем. На њихово наваљивање, изашла сам из кабинета.

Преко игралишта сам одшетала до ивице парка, стално се питајући да ли се заиста чудно понашам. Нисам се тако осећала. Само ми тело још није прихватило Збиљу и свет ми је изгледао свеж и нов. Можда сам сањала рођење — можда баш то.

На брду, иза универзитетског парка била је једна књижара. Попела сам се стрмином до радње, надајући се да ћу имати чиме да испуним двосатну паузу. И ту, насред улице, налетела сам на Отохика. Наш други сусрет. Недалеко од раскрснице на којој се моја улица (она која иде узбрдо) укршта с једном прометном улицом препуном радњи. Доконо сам подигла поглед, приметила неон-флуоресцентно ружичасте и сребрне пластичне траке трешњевог цвета како вијоре са телефонских стубова и лепршајући блеште на плавом небу. И сад ми је пред очима живи одраз тих боја. Кад сам поново погледала уз улицу, приметила сам да ми се неко приближава одозго. Једном сам већ видела тог му- шкарца.

"Знам те", излетело ми је. "Ти си син Сарао Такасеа."

"Извини", рекао је, гледајући ме подозриво. Сасвим је природно што је био опрезан. Одмах сам рекла ко сам.

"Срели смо се давно на једном пријему издавача. Зовем се Казами Кано."

Пажљиво ме је гледао, затим климнуо главом. "Била си са Шођијем Тодом, преводиоцем?"

"Имаш добро памћење."

"Па, можда, била си скоро једина испод тридесет на том пријему", рекао је уз осмех.

"Станујеш овде, у околини?" упитала сам.

"Породична кућа је у Јокохами, али тренутно живим са сестром, горе, на врху брда. Сад је на постдиплом- ским на Т. универзитету."

"На Т. У.?"

"Аха."

"Која случајност. Ја тамо радим на Катедри за енг- лески."

"Стварно? Упознала си је на оном истом пријему. Зове се Саки."

"Онда сам је вероватно већ срела у парку", али је нисам препознала.

"Имаш ли времена? Да попијемо кафу?"

Времена сам имала на претек.

"Важи."

Гужва око ручка још није почела, па је кафић био скоро празан. Сели смо за један сто и наручили кафу. Отохико је за мене постојао само у прошлости, као део једне старе приче; нисам веровала да ћу га икад више срести. Сад, кад је био ту преда мном, видела сам да му се у међувремену нешто догодило. Те необично тамне очи нису се слагале с обичном спортском мајицом и зажареним образима. Нисам га таквог запамтила.

"Много си се променио, Отохико."

"Заиста?"

"Само си две године старији од мене, а изгледаш тако зрело. Видиш, знам и колико ти је година."

"Теби је, онда, двадесет две."

"Тачно."

"Значи, кад сам те први пут видео, још си била у средњој школи?"

"Аха."

"Пре пет година. Невероватно. Био сам убеђен да се уопште нисам изменио. Сад видим да нисам у праву. Нисам био овде."

"А где?"

"У Бостону. Вратио сам се тек у априлу."

Та промена на Отохику није била само у лику. На неки начин се затворио, постао опрезан, што се често догађа људима који очајнички настоје да сачувају свој понос, чак и када их гони нека сурова, ишчашена коб.

"Пре него што си отишао у Бостон, дуго си живео овде?"

"Да, са дедом и бабом у Јокохами."

"И вратио си се после очеве смрти."

"Да. Отац нас је напустио кад смо били веома мали, али смо и даље званично били део породице. Деда и баба су желели да унуци буду с њима, па смо прешли овамо."

"Колико ти је онда било година?"

"Око четрнаест. И сестра и ја смо били свесни колико је мајка сметена очевом смрћу, па смо на неки начин преузели улогу одраслих. Сви троје смо кренули на једно дуже путовање, али кад се и то завршило, кад је требало да се вратимо кући, нисмо знали одакле да кренемо. Тада су нас деда и баба позвали да пређемо код њих, у Јокохаму. Мама се колебала, али смо сестра и ја били одлучни. Знали смо да ће и њој користити. Деда и баба је никад не би спречавали да се преуда, а могла је све да изгуби, иначе, да смо наставили да живимо сами, далеко од породице. Морам признати да нам се није одлазило из Америке — ту нам је био дом — стегли смо срце и 'заронили'"

"Пратим те одлично. И у мојој породици су се сличне ствари дешавале. После развода, остале смо сестра и ја саме са мајком."

"Јасно ти је да живот у таквој породици није здрав."

"Коме кажеш! Онај ко је одсутан још више је присутан. Оца није било, али се цео живот окретао око њега."

"Тачно тако, а онда повремено сви постану неуротични."

"Непогрешиво", сложила сам се. "Знаш шта се мени догодило? Извесно време нисам уопште могла да говорим."

"Због свега што се догађало с породицом?"

"Претпостављам. Из непознатог разлога сам изгубила моћ говора. На исто тако тајанствен начин се и вратила."

"Значи да се у том телу девојчице одвијала нека страшна борба."

Н. П.

Три месеца после очевог одласка, изгубила сам моћ говора узалудно покушавајући да мајку спасем потпуног растројства. Не могу вам описати колико је била напета. Тог дана, дуго сам се после школе играла напољу, на снегу. Увече сам добила грозницу. Неколико дана сам остала у кревету; цело тело ме болело а грло је било црвено и отечено.

Једног дана, док сам постранце лежала на кревету полусвесна од грознице, чула сам мајчин и сестрин разговор.

"Откуд знаш?" упитала је мајка.

"Само предосећај, али сам скоро сасвим сигурна", одговорила је сестра.

"И мислиш да ће Казами сасвим да изгуби моћ говора?" питала је мама хистеричним тоном којим је тих дана често говорила.

"Да. Тако ми се чини", весело је одговорила сестра. Сестра је имала веома добру интуицију; и обично би могла да погоди ко зове кад телефон зазвони, кад ће се време променити, и томе слично. Сваки предосећај најављивала је необично мирно као нека одрасла особа.

Чула сам мајчин дрхтави глас: "Не смеш рећи Казами."

"Наравно", рекла је сестра.

Помисао на губитак гласа уопште ме није препала, само сам, да бих проверила претпоставку, покушала да из одраног грла исцедим бар неки гласић. Чула се само шкрипа. Подигла сам главу да вирнем преко леденог облога. Кроз прозор сам угледала како се далеко на запад простире громада облака, блиставо црвених од смираја. Због грознице, на трен сам изгубила осећај стварности. Зар нас је отац заиста напустио и засновао нову

породицу? Потом мамини вечерњи часови еглеског, за-
тим чисти, дубоки, бели снег који је прекрио цело школ-
ско игралиште, неоштри ореоли око уличних светиљки
док сам се тог дана, у грозници, враћала кући. Превише.

Као што је и предвидела, глас ми се није вратио ни
пошто сам прездравила. Мајка и сестра су биле неуте-
шне, а лекар је, природно, поменуо да би разлог могао
да буде и психосоматски. На повратку кући, после
прегледа, мајчине очи су биле пуне суза. Биле смо узне-
мирене све три, ужаснуте на помисао да губимо кон-
тролу над сопстевним телима.

У почетку сам била очајна што не могу да говорим,
али ми се расположење поправило кад се мајка опусти-
ла и рекла да не бринем. Нисам ишла у школу. Дане сам
проводила у кући, излазила само рано ујутро и кад пад-
не мрак.

Кад изгубиш глас, постепено почињеш да губиш и
језик. Прва два дана мисли су ми имале уобичајен ток:
ако би ме сестра случајно нагазила, помислила бих "јао",
речима. Кад би се на телевизији појавила слика места
које сам познавала, мисли би добиле исти облик као и
да их тог тренутка изговарам, да сам могла да говорим,
на пример, "Хеј, знам где је то. Питам се кад су сни-
мали".

Међутим, после извесног периода немости, нешто
се у мојој глави променило. Почела сам да примећујем
мноштво боја иза самих речи. Кад је сестра била посеб-
но пажљива према мени, указала би ми се слика блиста-
во-ружичасте светлости. Мајчине речи и покрети на ча-
совима енглеског били су златни; светлонаранџастожута

излазила је из мог длана кад бих се сагнула да помилујем нашу мачку.

Постала сам свесна огромних ограничења језика. Била сам мала, дете, и само сам нагонски схватала до које мере човек изгуби контролу над речима које изговори или напише. Тада сам, први пут, осетила дубоку знатижељу кад је језик у питању, и схватила језик као оруђе које у себи садржи и сваки појединачни тренутак и саму вечност.

Глас ми се вратио сасвим изненада, као што је и нестао. Једног кишног поподнева, сестра и ја смо седеле за трпезаријским столом чекајући маму да дође кући. Седела сам ошамућена, полууспавана, и посматрала сестру како чита неки часопис. Листала је странице, једну по једну, уз редовност и ритам воде која капље. Суседов телевизор стапао се са звуком кише. Прозори су били замагљени, соба је имала неку топлину.

Почела сам да мислим на мајчин скори повратак — пуне руке кеса с намирницама. На лицу ће јој се видети умор, али ће отићи право у кухињу да спреми вечеру. Од доручка преостали пиринач, рибу или пилетину из деликатеса, своју чувену салату, воће. Учинило ми се да осећам мирис пиринча који се кува. Онда ће нам донети вечеру. После јела биће час енглеског, онда ћемо гледати телевизију, окупати се, па ће нас она ушушкати у кревету. Док тонем у сан, чујем како у папучама улази у суседну собу.

Топао, срећан дом. Осећала сам се безбедном, као у некој бројној породици, иако је било само нас три.

Онда ми се сестра обратила, "Спаваш ли, Казами?"

"Мхм", одговорила сам.

Покушала сам да говорим, и успела сам. Чудно је звучало, као да ми глас долази издалека. Звук добродошлице!

"Казами, јеси ли ти то нешто рекла?" упитала је сестра запањена.

"Изгледа", опрезно сам одговорила.

"Значи, све ово време си могла да говориш?"

"Не. Заиста нисам могла."

"Па, како је било? Тешко?"

"Не. Имала сам осећај да коначно почињем да схватам неке ствари."

Сећам се да смо причале, и причале, да проверимо да ли ми се моћ говора заиста повратила.

* * *

Онда сам рекла Отохику, "Кад ми се вратио глас, као да је цела породица преживела бескрајну ноћ. Сад ми је јасно, гледајући уназад, али тада нисмо биле свесне тога."

"Стварно личи на оно што се с нама догађало. Ја сам одбио да идем у школу. Претварао сам се да идем, а у ствари сам одлазио да радим. Слагао сам године, па су ме примили", објаснио је. "На крају су сазнали шта се дешава, па сам добио страшну грдњу. Тада сам први пут осетио блискост с дедом и бабом."

"Стварно?", рекла сам. "Веома необично. Осећам се као да сам у друштву неке личности из књиге."

"Мислиш на мене?"

"Као да сам упознала лик о којем сам раније само читала."

Смејао се. После кратког оклевања, упитао је:

"Шођи се убио, зар не?"

"Да. Док је преводио Н. П."

"Још сте били заједно?"

"Да."

"Ау!"

"Само да знаш, не зато што сте му дали деведесет осму причу."

"Испричао ти је?" Отохико ме зачуђено погледао.

"Јесте. Рекао ми је да је рукопис добио од Такасеових наследника. Намеравао је да и ту причу преведе и све заједно објави у Јапану."

"Штета", одговорио је. Као да је нешто скривао. Ништа га нисам питала јер ми његова тајна не би вратила Шођија.

"Издаваче то више не занима", насмешила сам се.

"Књига је уклета."

"Мора бити. Троје је покушало да је преведе на јапански и све троје је мртво. Знаш за то?"

"Знам. Прво један професор универзитета, па његов студент, онда Шођи, је л' тако? Три самоубиства. Зашто?"

"Можда има везе с превођењем његовог енглеског текста на јапански. Саки управо то истражује. Било би најбоље да забораве и на књигу и на оне који су с њом имали неке везе. Те смрти нису случајне. Сви они које је књига привукла, сви који су желели да је преведу, пре свега су желели да умру. Књига их призива."

"Прилично језив приступ", одговорила сам.

"Зашто? Теби се књига допада?"

"Да. Очарана сам."

Много пута сам је прочитала. Кад год је читам имам осећај да ми у срцу ври нека густа, врела течност. Нови свет увлачи ми се у тело и почиње у мени да живи својим животом. Убрзо после Шођијеве смрти и сама сам покушала да преведем део Н. П. Била сам ван себе од страха, могућно због књиге, могућно због тешких тренутака које сам преживљавала. Црна пара испунила би ми плућа кад год бих преводила његов енглески језик на јапански. Нисам могла да се ослободим тог осећања. Као кад у море улазиш обучен, таласи ти бију о тело, а ти пливаш према обзорју и ништа те не вуче назад. Као додир мокре одеће на телу. На сву срећу, тада сам још била у средњој школи и одустала сам од превода. Мислим да је та одлука да прекинем била знак здравог разума.

Каква би метафора одговарала том осећају док сам преводила? Бескрајна ливада високе златне траве која се њише на ветру. Можда корални спруд у дубоким водама блештаво плавог мора. Онај неизмеран спокој који осећаш док посматраш јато тропских риба како промиче пред тобом; обојене јарким бојама уопште не личе на жива бића.

С таквим сликама у глави не живи се дуго. Погледала сам Отохика и помислила на тугу коју мора да је осећао његов отац.

"Јапански је чудан језик. Заиста чудан. Можда је ово супротно оном што сам малочас рекао, али ми се чини да сам много проживео откако сам стигао у Јапан. Језик утиче на начин мишљења. Све док нисам овамо дошао, нисам био свестан да ми је отац заиста Јапанац и да се ослања на јапански чак и када пише на енглеском.

Неодвојиви део текста је његова чежња за домовином. Требало је да пише на јапанском, пре свега."

Нисам могла да противречим, иако ми је, истина, његово објашњење деловало помало смушено.

"А ти, да ли би ти волео да постанеш писац?" рекла сам.

"Некад сам желео, сад више не", одговорио је.

"И, како ти се чини деведесет осма прича?"

Отохико се збунио. "У ком смислу?"

"Знаш на шта мислим. Тема је инцест. Питам се да ли је отац био стварно заљубљен у твоју сестру?"

Отохико је без оклевања одговорио. "Наравно. Довољно дуго смо били заједно да знам да је био луд."

Да, деведесет осма прича је о томе. Главни лик се разводи и почиње с необузданим животом. Онда се заљуби у једну тинејџерку, коју упознаје у некој кафани у предграђу. Тек пошто је неколико пута спавао с њом открива да му је то ћерка. Међутим, до тада је већ постао роб њене нестварне привлачности.

"Наравно да има утицаја Лолите, али није све у томе. Крај је заиста чаробан, можда због онолико дроге и алкохола. Највише ми се свиђа опис ћеркине нељудске лепоте. Подсећа ме на Дојлову слику сирене", рекла сам.

Отохико је поцрвенео, али је задовољно одобравао све похвале које сам изрекла на рачун његовог оца. Значи, и поред свега, поносио се њиме.

"Хтела сам да и у Јапану прочитају ту причу."

"Мислим да ће је Саки — моја сестра — једног дана превести. Одавно се спрема", рекао је. "Казами, имаш ли рукопис деведесет осме приче?"

"Да, дали су ми га као успомену на Шођија."

"Припази. Неко трага за тим рукописом."

"Ко? Твоја сестра?" запитала сам изненађена. Зашто да пазим?

"Не, не она. Да јој је потребна, тражила би дозволу да је фотокопира. Ради се о жени која је опседнута књигом. Има већ један примерак те приче, али хоће све да сакупи."

"Нека твоја пријатељица?"

"Донедавно смо заједно путовали. Дошла је са мном из Америке. Изгледа да зна све о теби."

Насмешила сам се. "Био си с правим ловцем на дивљач?"

И он се насмешио. "Да, обожавам људе који се предају страстима."

"Мора да је заљубљена и у Такасеовог сина."

"Да, и мени се свиђа тај заокрет у причи."

"Чудан си ти тип, Отохико."

"Имам осећај да те веома дуго познајем. Необично, је ли?"

"И знамо се веома дуго."

"Истина. Пошто смо обоје толико размишљали о књизи, постали смо блиски. Тако је једноставно разговарати с тобом."

"И сад понекад мислим на књигу", рекла сам.

"И ја. Скоро сваког дана. Постала је физички део мене, као нека клетва", промрмљао је Отохико у пола гласа. Погодиле су ме те речи.

Договорили смо се да се ускоро поново видимо, и разменили адресе пре растанка.

4.

И даље мислим на њега. На Шоѓија. Била сам у средњој школи кад сам се заљубила у њега. Били смо луцкасти, жестоко заљубљени, усхићени. И сад се сећам како сам готово сваког дана била с њим, седела у његовом стану, понекад му помагала око превода. И заиста, Шоѓи је био срећан кад сам с њим. Без сумње.

Међутим, ни на који начин нисам могла да умањим онај умор који се у њему нагомилао од раније, пре него што смо се упознали, умор од сложености сопственог живота. Нисам могла до краја да разумем ону таму од које је био саздан велики део његове личности, то црнило које ме је привлачило. Од оног часа кад смо се упознали, била сам лептир који је улетео у простор његове душе, место у којем је светлост почињала да бледи. Иако сам му, можда, била само добродошла разбибрига, моје га је присуство још више збуњивало, јер сам уносила снопове сунчевих зрака у његову тмину.

Кад сањам Шоѓија, увек сањам да сам с њим оваква каква сам данас. Пусте жеље: кад бих га поново срела, овако одрасла, унела бих у његов живот радост и спокој, а не блесак незреле младости. Ко зна, можда би било залуд, али и даље се кајем. Само кад бих могла поново да будем с њим. То ми је једина нада. Мада, можда прецењујсм своје моћи.

Помути ми се свест кад чујем да самоубице не могу на небо, да заувек остају у патњи. И пре него што се успротивим таквим глупостима, његов благи насмешени лик појави ми се пред очима. Тај осмех који ми није дозволио приступ, који ником није дозвољавао да приђе.

Била сам у Шођијевом стану ујутро оног дана када је умро. Једног прелепог јутра на почетку лета уснила сам сан на летњем сунцу које је пролазило кроз отворене завесе, баш као данас.

Шођи је обично устајао пре мене. Пошто сам морала да стигнем у школу, извукла бих се из кревета око осам. До тада је Шођи већ седео за компјутером и куцао. Волела сам звук његових прстију по тастатури, његов концентрисани положај — подсећали су ме на мајку и успомене из детињства.

Шођи је био седаманест година старији од мене, и његова смиреност утишавала је моју младалачку одважност. Било је тако мирно кад смо били заједно. И кад смо се смејали и лудирали, опет је било спокојно. На пример, кад бих преспавала код њега, ујутро ме не би будио, иако је знао да морам у школу. Ако бих решила да не идем на часове, Шођи ме није терао из стана. Такав је био.

Тог јутра било је другачије. Пошто ме је будилник пробудио, осврнула сам се и угледала Шођија поред себе. Спавао је, бледог и непомичног лица. Имао је тамне подочњаке и плитко је дисао. Тада сам имала тек осамнаест година и срце ми се цепало кад бих га таквог угледала. Нежно сам повукла ћебе и покрила га; онда се извукла из кревета. Обукла сам школску униформу и попила шољу млека. Учинило ми се да је око мене нешто друкчије, тог најмирнијег од свих јутара.

Н. П.

Онда нисам могла да нађем сат. Тражила сам наоколо, па одустала и позајмила Шођијев, који је био на писаћем столу. Као да сам пет кила обесила о шаку, а стакло на црном бројчанику цаклило се као лед. Осетила сам огромну потиштеност, готово носталгију, стојећи тако сама у туђем стану.

Тог јутра се све зауставило — у стану и напољу — толико је било тихо да сам готово преко целе собе могла да чујем како Шођи дише. Незграпно и напето кретала сам се наоколо и почело је да ме гуши. Откуцани превод деведесет осме приче лежао је на столу поред компјутера. Подигла сам га и установила да је ту само половина приче. Зачудила сам се, јер ми је Шођи рекао да је завршио превод целог текста. Претходног дана био је доста потиштен и жалио се да не може да га дотера. Стојећи тако поред стола, схватила сам да је кренуо изнова, од самог почетка. Сетила сам се друге двојице преводилаца који су се убили и жмарци су ми прошли кичмом.

На једном блоку оставила сам му поруку: "Чим завршиш с преводом, идемо на море, као пре неколико недеља. Отићи ћемо рано, пресвући се у костиме и сунчати се на песку. Причаћемо о свему. И уживати. Да не заборавим, позајмила сам твој сат. Брзо га враћам."

Надала сам се да ће му та порука призвати мирис мора и звук таласа. Можда ће пожелети да што пре кренемо, пожуриће с послом, да бисмо били заједно. Нисам била љубоморна, само уплашена. Том поруком дрзнула сам се да отерам ону скривену тмину — свог непријатеља.

Желела сам да се сети свега што смо доживели на
почетку наше љубави, влажне топлине наших ноћних
загрљаја; лепоте наранџастих сунчевих зрака на околним
зградама у зору, када би ме пратио низ улицу и, поспа-
ну, смештао у такси; топлине наших приљубљених дла-
нова; несмотрених мириса тих првих дана. Грозничаво
сам претраживала сопствене успомене, као жена која
очекује да ће је, при крају љубавне везе, љубавник напу-
стити.

Била сам забринута, па сам се око ручка јавила из
једне говорнице у близини школе.

"Хало", глас му је добро звучао.

"Зовем из школе", рекла сам с олакшањем. Знала сам
да чује вриску и галаму деце која су се јурила по школ-
ском дворишту, и пљускање воде по базену који су неки
ученици чистили. Насмејала сам се и рекла, "Доста бу-
чно, а!"

"Невероватно", одговорио је Шоџи. "Јеси ли ручала?"

"Морала сам да једем у школи, кад већ синоћ нисам
отишла кући."

Насмејао се. "Стварно си право ђаче." Као да ми је
завидео. "Хвала на поруци."

"Свратићу за неколико дана."

"Важи."

Бука и смех преплавили су школско двориште иза
мене. Сви су ми изгледали тако срећни и пуни живота,
као да неизмерно уживају у тих пола сата паузе за ручак,
јединој паузи у целом дану. Ваздух је био пун њихових
гласова; око мене се распрскавала снага којом су наби-
јени. Подигла сам поглед према бљештаво плавом лет-
њем небу. Тог блиставог поподнева, улицом се светлост
утркивала са сенком.

"Чућемо се касније."

"Здраво."

Прекинули смо везу. Био је то наш последњи разговор. Колико смо само тада били далеко, свако на свом крају телефонске линије, удаљенији него небо и земља, и толико заплетени. Нисам му рекла колико га волим. Нисам ни покушала, не постоји начин да се та порука пренесе, ни да се прими, или разуме.

Кажу да се то догађа заљубљенима, али ни сама нисам знала да таква празнина уопште постоји. Мислила сам да се те приче односе на неки други свет, на давно прошло време, на бајке о јаловој пустињи и неуспелој љубави. У садашње време то се није могло догодити. Имала сам своју личну утопију.

5.

Догодило се два или три дана после сусрета с Отохиком. Скупљала сам своје ствари, тог послеподнева, и спремала се да кренем кући, кад је неко гласно повикао на улазу, "Да ли је ту госпођица Кано?"

"Да. Како могу да вам помогнем?" одговорила сам и изашла да видим ко је. Угледала сам једну младу жену. Деловала је веома пријатно. Онда сам се сетила шта ми је рекао.

"Ја сам Саки Такасе", представила се с осмехом. "Изненадила сам се кад ми је брат рекао да и ти овде радиш."

У поређењу с братом, Саки је деловала много сабраније него онда на пријему. Била је прилично смело обучена, а насмешено лице подсећало је на цвет. Сличан утисак имала сам и кад сам је први пут видела, само је сада из ње зрачила још израженија женственост.

"Спремала сам се да кажем како је лепо што смо се опет среле, али ми се чини да на пријему нисмо ни реч размениле", рекла сам.

"Тако је, иако се ја тебе добро сећам. Драго ми је што те поново видим. Кренула си кући? Хоћеш да заједно вечерамо? Ако имаш времена, наравно", рекла је Саки.

Климнула сам. "Слажем се. Волела бих да се испричамо."

Ништа није одговорила, само се љупко осмехнула. Тај осмех ме је очарао, као да ми је прочистио срце.

Изашле смо из моје канцеларије и одшетале преко парка до оближњег француског ресторана.

У то време магловито плаветнило неба почиње да упија топлоту дана.

"Небо већ подсећа на лето", приметила је Саки.

"Да. Имате ли расхладне уређаје на Психологији? Код нас их нема, па је лети као у котлу."

Насмешила се. "Наравно да немамо. Зато увек тражим изговор да радим у библиотеци."

Њено име, Саки, значи бехар, и одлично јој одговара. Била је као расцветана нежност и светлост; широм отворених очију, као да у будућност гледа с пуно наде.

***

Ресторан је био препун студената. Зраци сунца на смирају упловили су кроз стакла на прозорима с предње стране, и обојили целу просторију јарко наранџастом

30

светлошћу. Наручиле смо супу и багет за мене, сендвич за Саки, а потом салату од крабе и бокал белог вина. Заједнички оброк је најбољи начин да неког упознаш. Саки и ја смо се добро слагале од самог почетка, а у ресторану смо се сасвим опустиле и добро испричале.

"Живиш ли сама?" упитала сам је.

"Не. Отохико је са мном откако се вратио из Бостона. Далеко је да сваког дана путује из Јокохаме. Ја викендом обиђем деду и бабу. Пажљива унука! Онда с мамом одем у куповину или прошетам. Није лако кад си јединица."

"Мами мора да је тешко што није с вама?"

"Не знам. Удовице обично не живе са свекром и свекрвом, посебно не у страној земљи, али мајка се најбоље осећа кад је с њима, у кући. Деда и баба су невероватно пажљиви и добро се слажу. Можда ти је необично да ово чујеш?"

"Па, није ми баш лако да схватим све те појединости."

"Мајка је толико пропатила с оцем, па је више ништа не узбуђује. А ти, Казами? И ти живиш сама?"

"Да. Од пре три године више не станујемо заједно, откако се сестра удала за Енглеза и одселила у Енглеску. После тога смо се разишле. Отац живи сам, сада, а мама се преудала пре две године. Сад је с мужем у Сетагаји. И тако, откако сам дипломирала живим сама."

"Где станујеш?"

"Ох, у Ф."

"Значи, близу смо. Чудим се да се раније нисмо среле."

"И ја сам се питала."

"Како си само препознала Отохика на улици?"

"Вероватно не бих, да је било много људи. Овако смо се нашли сами на брду; чиста судбина."

"Не знам због чега, али се и нас двоје веома јасно сећамо тебе. На оном пријему нисмо чак ни разговарали."

"Вероватно зато што сам онако упорно зурила у вас," насмејала сам се.

"Када сам чула за смрт господина Тоде, одмах сам се сетила тебе", рекла је.

Само сам климнула. "Ни на сахрану нисам отишла. Нисам могла. Знаш шта хоћу да кажем?"

"О, да, била си напросто скамењена, зар не?" одговорила је Саки.

"Чујем да се бавиш тим самоубиствима."

"У ствари, хтела сам да преведем књигу, али сам се из више разлога уплашила. Прво се убио мој отац, онда сам чула да се у неким породицама наслеђује та склоност ка самоубиству. Коначно и сви ти преводиоци који су добровољно отишли у смрт. Имала сам утисак да би превод био добар, пре свега због тога ко сам, а онда сам одлучила да прво установим зашто су се убили. То ме је одвукло у другом правцу, па сам уписала психологију. Има много ствари које бих хтела да урадим", рекла је Саки.

"Волела бих да се на јапанском појави целокупан превод. Јави ми, ако ти устреба помоћ. И Шођију сам помагала, и још сам жива. Чини ми се да могу с тим да изађем на крај!" рекла сам с осмехом.

"Да нас неко чује помислио би да говоримо о неким отровима или експлозиву."

"Можда је та књига исто толико опасна", приметила сам. Саки је с одобравањем климнула.

* * *

Била сам пуна наде, кад смо изашле из ресторана. Лето ће изгледа бити забавно. Изашле смо на влажну улицу. "Хајде да заједно ручамо ових дана", предложила сам.

Саки је одговорила, "Свакако. Има толико ствари о којима треба да попричамо. Чини ми се да ће лето бити веома забавно."

Окренула се и осмехнула. Шта се тог тренутка догодило, телепатија? Махнуле смо једна другој, као старе пријатељице, и растале се.

Одлазећи, сетила сам се да Саки готово уопште није поменула брата. Можда зато што су сада одрасли. Помало ми је било жао што више не постоји онај пар који сам давно угледала на пријему, тако су били блиски и допуњавали се, увек с осмехом.

Волим да упознајем људе на овај начин. Са Саки је пошло добрим путем. Лето је тек почело, појавила се она, тако пријатна и отворена, као неко с ким сам већ дуго пријатељица — осим тога, живела је у близини. Ништа посебно нисам планирала за распуст, нисам имала момка, па сам се радовала нашем будућем дружењу. Међутим, неколико ствари ми сасвим није било јасно. Прво, телефонски разговор са сестром. Па онда Отохиково мрмљање о деведесет осмој причи, о његовој вези с неком женом, с којом је живео у иностранству, и која је била опседнута његовим оцем, писцем. На крају, онај телефонски позив на универзитету, кад нико није одговорио с друге стране.

Ништа нисам сумњала. Била сам убеђена да је још много непознатог у тој причи. Површно гледано, напросто сам случајно срела двоје људи које сам некад давно упознала, и има изгледа да заједно проведемо једно пријатно лето. Међутим, није било тако једноставно. У чему је ствар? Седела сам омамљена и размишљала, покушавајући да размрсим тај детективски проблем. Шта је још било скривено? Тог тренутка нисам могла да докучим, али ми се девдесет осма прича стално враћала на памет. Нагонски сам знала да се у њој крије решење.

У тој причи, један мушкарац доживљава слом после љубавне везе са сопственом ћерком. Њене речи имају звук далеких таласа океана, а њени витки чланци, осветљени месечином, подсећају га на реп сирене. Је ли то била Саки? Питала сам се, али одговор нисам имала. На одговор треба да причекам. Суочена с овом неизвесношћу, свесна да се нешто мора догодити, молила сам се да спремна сачекам изазов. Од Шођијеве смрти само сам на тај начин размишљала о животу.

Будући да смо толико времена проводиле у истом универзитетском комплексу, Саки и ја смо од тада често биле заједно. Непосредно пред летњи распуст, све је врвело од студената који су се вратили на испите. Тог дана седеле смо у кафетерији.

"У ово доба године, осећа се да смо на универзитету, зар не?" приметила је Саки, сркућући кафу.

"Важно је да неко други полаже испите, а не ја." Пила сам сок од поморанце.

"Волиш ли лето?"

"Обожавам. Само на то мислим."

"Значи, права љубав."

"А ти?" упитала сам Саки.

"Највише волим пролеће. Али, разумем твој однос према лету. С лица ти се чита колико волиш лето."

"Стално чезнем за летом. Не могу да сачекам да почне", насмешила сам се Саки. Онда сам је изненада упитала, "Шта је с Отохиком ових дана?"

"Зашто питаш?"

"Нисам га видела одонда."

Саки је одмахнула главом. "Стално је у њеној кући."

"О, код оне жене с којом је путовао?"

" Аха. Смучио ми се. Немам појма на шта ће све то да изађе. Још је гора него кад су заједно отпутовали за Бостон."

"Лоша цура?"

"Не може бити гора. А гора је."

"Он је у њеној власти?"

Чврсто га је држала у шаци. Осетила сам трачак љубоморе. Искрено сам уживала у разговору с Отохиком.

"Међутим, шта се мене тиче његов љубавни живот. Ако хоћеш, све ћу ти испричати кад опет одемо заједно на ручак."

"Како хоћеш. Јеси ли готова? Морам да се вратим."

Изашле смо. Први знаци лета искрено су ме узбудили — блештаво сунце, светлуцави црни асфалт, топло, мирно зеленило крошњи. Саки је приметила кад сам дубоко удахнула и насмешила се. Њено лице подсетило ме је на велики сунцокрет. "Сигурно да те све ово узбуђује." Морала сам да зажмирим, јер јој је лице било тако сјајно и лепо на сунцу. Лето само што није стигло.

6.

Надала сам се да ћу се с доласком лета мало опустити, али је сваког дана неко други тражио помоћ око превода. Сви су хтели да им направим основни превод, тајно наравно, за прву верзију превода који раде за професора. И остали наставници су вероватно били заузети истом врстом повремених летњих послова. Наравно, била је то и додатна зарада, али је рок увек био изузетно кратак. Осећала сам се као ђак са задатим домаћим преко распуста. Зато сам готово сваког дана била на факултету, и дуго у ноћ претурала по речницима.

Касно једне ноћи, напољу је беснела киша, као тајфун. Од кише која је тукла и снажног ветра, уопште нисам чула кораке. И зато, кад је неко неочекивано закуцао на врата, скоро сам из коже искочила. Било је три сата ујутро. Дрхтећи провирила сам кроз кључаоницу на улазним вратима. Напољу је стајао Отохико. Решила сам да га пустим унутра.

"Откуд ти овде, овако касно? Да ми исповедиш љубавне јаде?" упитала сам.

"Тако нешто; отприлике", одговорио је.

Утетурао је, пијан, с кишобрана се цедило, а кожне ципеле биле су скроз натопљене. Срце ми је стало. Као нека јефтина ТВ серија.

"Имаш проблема с девојком?" питала сам.

"Не, не, није у томе ствар."

"Пио си?"

"Упао сам у разговор који ме је дотукао. После тога сам доста попио. Сад више не знам да ли сам уопште био у праву. Морам с неким да попричам. Извини што је овако касно — све је то због алкохола."

"И, ако добро разумем, ја треба да пресудим?"

"Да", Отохико је климнуо.

"С ким си уопште разговарао? Са Саки?"

"Не."

"Какве ја имам везе с тим? Једва те познајем."

"Немој тако"

"Могао си да се јавиш телефоном. Или да сачекаш до сутра", инсистирала сам.

"Извини", рекаоје и зурио у под. Како сам и сама умела тако лудо да се напијем, знала сам да ништа лоше не мисли. Само тражи одговор. Али на које питање?

"У реду. У реду, уђи", рекла сам.

Отохико је и даље стајао у улазу. "Добро ми је и овде."

"Мени није пријатно. Уђи и седи."

На то је некако успео да скине ципеле и да из предсобља уђе у хол. Истог часа је рекао, "Морам у купатило. Чини ми се да ћу да повраћам."

"Не треба ти моје одобрење. Иди."

Страшно је изгледао. Хитно сам га гурнула према купатилу.

Све се тако брзо догодило, напросто није било времена да ми се смучи. Чула сам како повраћа у тоалет и како пушта воду. Ништа нисам могла да учиним — стајала сам пред вратима и чекала да изађе. Коначно се појавио и тражио чашу воде. Лице му је било још бљеђе, а очи сасвим закрвављене.

"Изгледаш као да си на самрти," рекла сам додајући му воду. Искапио је.

"Знаш ли ону причу?"

"Коју?"

"Ону о човеку којем учиниш услугу, а он ти за узврат да много воде, и то у пустињи а у близини је велика кашика, и неки златници, чини ми се", мрмљао је неке глупости.

"Аха, схватам. Вода је одлична, хоћеш још?"

"Merci."

"Хајде, седи на кауч. Можеш и да се испружиш, ако хоћеш."

Донела сам још једну чашу воде. И ту је попио наискап. У соби је завладала тишина, и наједном сам поново приметила да киша силовито пада.

"Извини", рекао је Отохико.

"Само се опусти. Објаснићеш ми кад будеш могао. Шта си хтео да ме питаш?" Села сам на под поред њега.

"Рећи ћу ти. Само ми дај мало времена."

"Нешто се догодило?"

"И не сањаш", рекао је и затворио очи. Киша је још јаче падала, а прозорска окна су подрхтавала на ветру. Олуја је завијала; чинило ми се да никад неће престати.

"Немој да заспиш. Плашиш ме."

Продрмала сам га за рамена.

"Не, не спавам. Знам. Одмах ћемо да направимо копију. Да се обезбедимо", рекао је.

"О чему причаш?"

"О деведесет осмој причи. Завет Сарао Такасеа."

"Зашто? Шта је било? Сва сам се најежила. Чекај тренутак. Не можеш сад да заспиш."

Донела сам му још једну чашу воде, и одлучно рекла, "Ево ти, попиј. Онда ми све испричај."

Отохико је климнуо и отпио гутљај. "Вероватно не волиш да те подсећају на оног момка."

"Којег момка? Шођија?"

"Да. Мора да ти је мучно. Сигурно ти није пријатно. Осим тога, очеве књиге те баш много не занимају? Не више. Све је то прошлост, је л' тако? Ти си дукчија од нас. Ми смо још опседнути тиме."

"Ко сте то 'ви'?"

"Ја, Саки, и..."

"И твоја девојка?" упитала сам.

"Да. Нама изгледа као да се време зауставило. Ти си се од тада бавила и другим стварима, а ми смо се у то закопали."

"Можда има и неке истине у томе. Знам да Саки мисли да вреди позабавити се тим проблемом. За твоју девојку не знам. Не бих рекла да сам сасвим заборавила на Н. П. Стално ми је на памети и драго ми је да с неким могу о томе да попричам — и с тобом, наравно. Часна реч."

"Значи и тебе је ухватило? И не смета ти што се још и ми ту мувамо?"

"Сметало би ми да хоћете неку корист из тога да извучете", одговорила сам.

"Не буди смешна. Имај поверења у мене", рекао је Отохико.

"Онда је у реду."

"Нас троје имамо утисак да смо ухваћени у замку, да су нас сви напустили. На тебе гледамо као на неког ко нам може помоћи да се извучемо. Тако некако. Чини ми се да само ти можеш да промениш то стање."

"Стварно ти се тако чини?" Нисам знала шта да мислим. "Је ли рукопис у опасности, па зато треба да га копирамо?"

"Не. Није. Али, завети су незамењиви. Боље да направимо копију да бисмо били сигурни."

"Добро, урадићемо и то." Хтела сам да га умирим "Не разумем зашто вам је и даље то толико важно. Хоћу да кажем, Шоћи је одавно мртав, па и твој отац. Зашто вам још увек то изгледа тако трагично." Помислила сам, али му нисам рекла, и откуд потреба за толиком мелодрамом?

"Нисам ја обузет тиме, него она. Она има неку чудесну моћ."

Ово је већ имало неког смисла. "Говориш о својој девојци, је л' тако?"

"Мислим да ћете се ускоро упознати", рекао је Отохико. "А онда ћеш се и ти уплести. Таква си."

"А шта би могло све то да заустави" — упитала сам.

"Ваљда ће се само од себе разрешити када сви остаримо."

Насмејала сам се. "Ма, хајде. Није ваљда тако страшно."

"Још сам уморан од пута."

"И ја бих рекла."

Осетила сам нелагоду због звука кише. Као да ме нешто увлачило у један чудан психолошки простор. Сав тај притисак, стегнуто грло, иста тешка атмосфера коју памтим још из наше куће, од детињства. Негде у даљини грунуо је гром. Киша је цурила низ прозоре и кроз окна су се виделе светиљке, беле, нејасних обриса. У дубини ноћи, чак и Сакино насмешено лице било је недостижно. Учинило ми се да ни на кога не могу да се ослоним.

"Изгледа да у теби има више знатижеље него што сам очекивао."

"Трудим се да ствари не примам сувише озбиљно."

"Тако је. И ја треба да се опустим; нека све иде својим путем."

"Тако ће ти бити много боље", рекла сам иако ми ни самој није било јасно. Тишина. Звук кише. Заглушујућа рика олује. Зурила сам кроз прозор и сабрано ослушкивала. Отохико је проговорио.

"Стварно волим Јапан."

"Откуд па та неочекивана изјава?"

Мислила сам да је заспао; тргао ме његов глас. Окренула сам се и видела да ме посматра, широм отворених очију, нимало поспан.

"Волим трешње у цвету."

Је ли толико пијан да брка годишња доба? За име бога, лето је.

"Откуд тога да се сетиш?"

На тренутак се загледао у прозор.

"Када сам први пут дошао у Јапан, било је пролеће пуно кише, и ништа ми се није свидело. Вероватно сам због таквог времена био мрзовољан. Онда сам једног дана, из таксија, угледао трешњева стабла, била су раскошна. Киша је падала тако јако да сам их једва разазнао кроз прозор таксија. Осим тога, између мене и бехара била је и нека гвоздена ограда; као да сам их гледао кроз два филтера. Међутим, чак и та неоштра слика ружичастих цветова помогла ми је да допрем до чари Јапана. По целој земљи расуте трешње махнито расцветане."

"Лепа прича."

"И даље се помало осећам странцем овде, а у Бостону сам стално сањао о повратку."

"Схватам."

Био је узнемирен и беспомоћан. Мокра коса, смеђе коврџе, подсећао ме на пса — можда и на принца? Сетила сам се Шоћијеве свеске.

После тога, Отохико је заспао и гласно захркао. Киша и његово хркање правили су заглушујућу буку, а мени је, на неки начин, све изгледало тихо. Дубоко дирљива тишина. Покрила сам га ћебетом.

Предала сам се сопственој поспаности и отишла у кревет пошто је зора већ свануда. Убрзо сам се пробудила кад је Отохико ушао у собу.

"Жао ми је што сам те намучио."

"Не брини", одговорила сам поспано. "Није било тешко"

Отворила сам очи и пред собом угледала Отохиково насмешено лице, бело, на слабом јутарњем светлу.

"Стварно сам се обрукао. Извини. Идем"

Док се удаљавао од кревета, подсетио ме је на неки лик из сна, главе погнуте и болне од мамурлука. Чула сам како затвара врата. Помислила сам да би требало да устанем и закључам их, али сам била исувише уморна. Склопила сам очи и размишљала о том чудном момку, Отохику.

7.

Кише су ускоро престале и лето је коначно стигло. Већ више дана било је топло и ведро, и Отохикова посета полако се претварала у далеки сан. Како је дошао, тако и отишао. Још нисам копирала рукопис, и ништа нисам рекла Саки. У ствари, дани су пролазили, као да се ништа није догодило.

Н. П

Тог поподнева била сам одлично расположена. Искористила сам распуст и спавала до поднева. Опрала веш и обесила га да се суши, па опет задремала на трему. Кад сам се пробудила, решила сам да одем до банке, и обукла се према тренутном расположењу — јарко ружичаста мајица, шорц и кожне сандале. Волим лето јер једино тада могу да изађем из куће тако необавезно обучена. Понела сам само пластичну ташницу у коју је могао да стане новчаник. Била сам усхићена сјајним плавим небом и јарким сунцем.

Кад прође три поподне, раде само аутоматски шалтери. Нигде никог; ушла сам у малу, четвртасту просторију, убацила картицу у машину, и кренула да куцам по тастерима. Пажљиво сам слушала механички женски глас из машине и сачекала да изађе новац. Нисам чак приметила ни јеку летње буке која је допрла кроз врата кад су се отворила. У ствари, нисам приметила ни да је неко ушао кроз врата. Тек када сам постала свесна да неко стоји иза мене, схватила сам да нешто није како треба. Нико није чекао у реду за аутомат, и није ми било јасно зашто ми се та непозната особа толико приближила. У следећем тренутку осетила сам како ме нешто тврдо притиска са стране, као на филму!

Чула сам танак женски глас: "Не окрећи се. Само ми предај новац."

Од самог почетка знала сам да није лопов. Вероватно нека луда. Одјекнуло је звоно да је новац спреман и нервозно сам зграбила новчанице. Машина ми је захвалила.

"Само се шалим. То су моји прсти, није оружје", насмејала се и склонила руку.

Толико сам била сигурна да је Саки, скоро сам је позвала по имену. Зачудо, није била Саки. Кад сам се окренула, осмехивала се сасвим непозната особа. Тад сам се још више уплашила. Никад нећу заборавити тај тренутак, кад сам је први пут погледала у очи. Пиљила је у мене као да ће сву крв да ми исиса. Поглед јој је био сасвим чист и прозиран, попут Сиријуса који светлуца високо на тамном ноћном небу, попут доброг мартинија који својом чистом бистрином блиста у чаши.

Знаш о чему причам? Обузео ме је страх кад сам угледала те очи — очи новорођенчета на лицу одрасле особе. Како ико таквим очима може да види? Шта ли је иза њих? Несумњиво необична особа. Нисам познавала никог сличног њој. Није била лепотица, није била ни љупка, али сам осетила да ме привлачи. Осетила сам трачак животињског нагона, груду исконске проницљивости. Дуго сам је посматрала и све упијала. Имала је дугачку, црну косу танких власи, била је мршава и висока, готово жилава, па врату су јој искочиле вене. Имала је пуне усне, а уска бела блуза била је затегнута преко малих, чврстих груди. Испод шорца вириле су неочекивано лепо обликоване бутине и листови. Лимун жуте папуче на босим ногама и црвено обојени нокти. Бар воли лето исто колико и ја. То сам препознала по одећи.

"Обучене смо као да смо сестре?"

"Ко си ти?" питала сам.

"Суи Минова", рекла је своје име. "А ти си Казами Кано."

"Да, ја сам Казами, и даље не знам ко си ти."

"Ма, хајде. Мора да знаш," рекла је с пријатним осмехом на уснама. Пружила је према мени своју кошчату руку, која је личила на екстремитете из *Блиских сусрета треће врсте.*

Рекла сам: "Извини, још увек не схватам."

Зграбила ми је десну руку и повукла према себи. "Идемо мојим колима."

"Чекај мало." Покушала сам да се ослободим. Упркос пријатељском, нежном осмеху, чврсто ме је држала и није попуштала. Шака јој је била ненормално врела.

"Никуд не идем с непознатима. Пусти ме."

На тренутак је олабавила стисак, онда се опет обрушила. "Знаш ме. Већ дуго ме знаш."

У последње време често сам чула ову исту реченицу.

"Никад те нисам видела."

"Зар ти Отохико није причао о мени?" Право пред врата! Значи, то је његова женска. Хтела сам нешто да кажем, а Суи је поново проговорила.

"Отохико је мој полубрат."

"Шта?"

Била сам сасвим неприпремљена и остала сам без речи. Коначно сам схватила оно о чему близанци, иначе сасвим искрени и отворени, нису хтели да говоре.

"Нико ми није рекао."

"Баш се чудим што су то крили од тебе. Можда зато што сам излазила са Шоуијем. Зато што сам му дала деведесет осму причу збирке Н. П., због које је умро? Зато што је неприродно да Отохико и ја живимо заједно?" питала је наизглед недужно.

Била сам у шоку. "Али вас двоје сте рођаци! Јеси ли стварно ћерка Сарао Такасеа?"

Потврдно је климнула.

"Онда ти је и мајка Јапанка?"

"Да, мора да је тата волео Јапанке. Мајка живи у Америци, али је Јапанка. Има четири године откако нисам у вези с њом. Зар не би волела да чујеш и друге ствари? Ја ћу да возим. Ево, види, имам дозволу." Извадила је из џепа и гурнула ми је пред очи. "Не лажем."

У дозволу нисам сумњала, али нисам била сигурна да је поуздан возач. Изгурала ме је кроз врата банке, све до црвених кола паркираних уз тротоар. Одбојник је био сав улубљен.

"Где си се оволико изубијала", упитала сам показујући на одбојник.

"Налетела сам на неког. Давно." Насмејала се и повукла ме ближе колима.

"Улази."

"Други пут, хвала", одговорила сам.

Требало ми је времена да о свему размислим. Није ми падало на памет да јој дозволим да ме тек тако увуче у кола и повезе. Њена дугачка коса имала је сладак мирис, као код мале деце, а огромне светлуцаве очи, под настрешницом густих шишки, изгледале су сасвим изгубљене. Плашило ме осећање да ми не би било тешко да је заволим.

"Дај бар да те одвезем кући", рекла је откључавајући врата на колима. Ускочила је на возачко седиште и са смешком ми рекла да обиђем с друге стране. Ушла сам, "Хвала, можеш да ме одбациш до оне велике раскрнице доле." Показала сам низ улицу.

Из врелих кола видела сам само дугачак пут како се белаca на летњем сунцу. На зградама и дрвећу био је исти одблесак. Седеле смо у шорцевима и сандалама, белих ногу испружених на сунцу — као да смо негде на мору.

"Као да смо на мору", рекла је Суи, и прожели су ме жмарци.

Била је сасвим добар возач; значи, само се правила важна. Док је возила деловала је одрасло и смирено, руке су јој чврсто држале волан. Мало сам се опустила. Врело сунце горело је кроз прозоре, а мени није сметало што не ради хлађење. Више нисам била онако невесела и пало ми је на памет да би било лепо да се поново видимо. Тог тренутка, док смо се приближавале раскрсници, док сам јој се захваљивала на вожњи, прекинула ме је и рекла, "Не стајем." Повећала је брзину и позната раскрсница остала је иза нас.

"Заустави."

Није ме ни погледала. "Не долази у обзир. Коначно сам те нашла и не пуштам те."

"Шта се, до ђавола, дешава?"

Одмахнула је главом и нешто промрмљала. Нисам очекивала такав одговор.

"Можда би други пристали на овакву игру, али не ја. Немам намеру да учествујем у овој драми", рекла сам док су се кола све брже удаљавала од мог стана.

"Заиста? Учинило ми се да уживаш." Зађутала сам. Више ни реч нисам проговорила. Седела сам и чекала шта ће да уради. Неко време је била тишина. Возила је без речи.

"Одавно желим да се нађем с тобом, да поразговарамо. Је л' то у реду? Само да разговарамо. Можда се нисам понела како треба, али те нисам ни повредила?"

"Настави", осмехнула сам се. "Толико ме ствари оптерећује, хтела сам да причам с неким ко ће ме разумети."

Спокојно се смешила. Коначно сам схватила да је и Суи била напета колико и ја. Кад то схватиш онда ти се учини сасвим у реду да будеш с неким, да се испричаш, иако је први утисак наопак. Решила сам да се повинујем њеним жељама.

"Добро. Разумем, Бар ми се чини да разумем."

Опет сам неко време седела у тишини и размишљала. Мислила сам на бележницу која је, расклопљена, лежала на мом писаћем столу, на прозор који је остао отворен, на шољу хладног чаја из које сам само отпила, на веш који се сушио. Недостајао ми је простор мог стана — нетакнут а пуст, као брод *Marie Seleste* Од неизвесности повратка, жудела сам да све буде као пре него што сам срела Суи.

Рекла сам јој: "Претпостављам да би хтела рукопис деведесет осме приче који је код мене? Зар немаш и ти један примерак?"

Одмахнула је главом.

"Хоћеш да видиш превод?"

Уместо одговора упитала је куда желим да идем.

"До мора, можда?"

"Било куда. Одлучи сама."

"Добро. Знам један парк с рибњаком, готово језерцетом", рекла је и потом одговорила: "Мислиш на Шоћијев превод? Да, оригинал ми се свиђа, али бих волела да видим шта је он урадио с преводом на јапански."

"Када си ишла са Шоћијем?"

"Не треба да ти буде непријатно. Много пре тебе. Почели смо да излазимо по мом доласку у Јапан, кад сам упознала Отохика. Као што сам ти малочас рекла, ја сам му рекла за Н. П. Ја сам Шоћију дала деведесет осму причу и молила га да је преведе", рекла је. "Сад ми је жао."

"За то ниси крива, али није требало мене да увлачиш у књигу", одговорила сам са смешком.

"Било ти је суђено да је прочиташ."

"Јеси ли била у Бостону с Отохиком?"

"Да, две године."

"Знам да ме се не тиче, али зашто си се вратила?"

"Не знам ни сама. Хтела сам да останем. Међутим, дешава се и да се предмислиш."

У колима је било као у котлу, насупрот хладњикавом пејзажу који је промицао. Мозак ми је био потпуно одузет; нисам могла да расуђујем. Рекла сам јој да је хлађење сувише слабо и појачала га. Хладан ваздух опалио нам је колена.

"Било ми је лепо у Бостону. Град је помало сетан, али леп. Чаробно место за оне који желе да побегну. Међутим, ништа се од наших несугласица није променило, иако смо били тамо. Онда нам је нестало новца, па смо почели да премишљамо шта даље. Он је хтео да прекинемо, да се врати у Јапан. Мислио је да бих ја више волела да останем, што сам му и рекла. На крају сам се и ја вратила. Ето."

"Јеси ли од почетка знала да ти је полубрат?"

"Могла сам да погодим."

"Како то мислиш?"

"Заљубила сам се, па сам себе убеђивала да не знам, а касније више уопште нисам знала какав је наш однос. Звучи чудно, али је истина. Ујутро бих се будила с мишљу, Боже, овај момак је мој брат. Да ли је? Била сам потпупо сметена."

"Видим."

Непрекинута трака кола око нас личила је на реку која нас носи у неки нестваран свет.

"Знала сам да излазиш са Шођијем. Отохико те угледао на оном пријему и рекао ми ко си. Од тада желим да се упознамо. Било ми је тешко што се враћам у Јапан, мада мање тешко кад год бих помислила да си и ти тамо."

"Стварно?"

"Ево нас", рекла је Суи, и зауставила кола. Никад нисам била у том великом парку. Провирила сам кроз улазну капију и угледала небројено дрвеће. Било је мрачно, као у шуми.

"Хајде да прошетамо", рекла је.

8.

Прошле смо кроз густи гај уз сам улаз у парк, и стигле до рибњака који се љескао под плавим летњим небом. У близини је један човек продавао сладолед на штапићу. Подсетио нас је на детињство и решиле смо да купимо по један. Продавац је из фрижидера на задњем точку бицикла извадио два сладоледа и пружио нам их.

"Јесте ли вас две сестре?" упитао је.

"Наравно." Обе смо се насмејале.

Нашле смо једну стару дрвену клупу и селе лижући сладолед.

Као што је рекла, рибњак је заиста личио на језеро. Дрвеће се на супротној страни високо уздизало, попут планина, а површина воде цаклила се, као огледало. Деца су, на бициклима, шумно пролазила шљунковитом стазом. На обали су непомично и у тишини седели неки људи са штаповима за пецање. На малој оближњој плажи, мајке су пазиле децу док се играју у песку. Суи је скупила колена под браду и посматрала облаке, горе, високо. Није гледала у воду.

"Није ми јасно зашто нисте хтели да останете у Бостону. Имали сте проблема с визом, због јапанских пасоша?"

"Вероватно и због тога. Не знам. После извесног времена била сам сасвим смушена", рекла је Суи и нагнула главу у страну, као да ће тако боље да се сети. "У Бостон смо отишли да побегнемо од оних који су знали да смо рођаци, да будемо негде другде. Толико смо се страсно волели да смо одлучили да побегнемо, да будемо сами. У почетку ми није сметало, али Отохико није могао да се опусти. Одрастао је у доброј породици, као што знаш."

"Било ми је лепо у Бостону. Збиља. Шетали смо поред реке, ишли заједно у библиотеку, у кафиће, спуштали се до луке да гледамо бродове. Волели смо се. А онда, ни сама не знам, обоје смо се некако изгубили. Будили смо се ноћу. Ужасно сам се осећала кад би ме људи питали да ли смо венчани. Нарочито кад бих угледала неки стари, срећан брачни пар."

"Осећала сам се као у изгнанству. Чак ми ни то није сметало. Међутим, од једног тренутка, кад год бих пружила руку према њему, само би непомичан зурио у мене оним тамним очима. Питала сам се, зашто се не насмеши, зашто ме само тако нетремице гледа? Ништа се није мењало набоље. Више нисам била блиска с њим, ни као сестра. Горе него да смо странци. Ето, то је крај. Знаш, ово ми је први пут да размишљам о томе шта се с нама догодило. Спавала сам и са Сарао Такасеом."

"Значи, она жена из приче...", почела сам. Суи се коначно окренула према мени и климнула.

"Тако је. Ја сам она жена из деведесет осме приче."

"Сад ми је јасно. Значи, привлаче те само они мушкарци с којима си у сродству?"

"Не. Не. Бар са Шођијем нисам била у крвном сродству."

"Тачно."

Потврдно сам климнула. Кад се помене име неког покојника, просто се одједном створи преда мном. А тада у парку, кад сам изненада поново чула Шођијево име, све ствари око мене добиле су његов лик — шуштаво дрвеће дугачких, хладних сенки, летњи ваздух, тако густ и сладак попут магле, блештава, искричава површина воде.

Насмешила сам се и рекла: "По томе испада да смо и нас две у неком сродству."

"Биле бисмо праве сестре да си спавала с Отохиком", рекла је безобразно и насмејала се.

"О томе нема говора", одговорила сам.

Нисам могла да протумачим да ли би је то погодило, или је заиста желела да се догоди.

"А зашто онда Отохико о теби говори као о неком чудовишту? Као да ћеш да га прождереш?"

"Верује да смо у рукама судбине, кад смо заједно, као у некој старој легенди. Сигурно због тога. Шашавко."

"Тако је мирно овде."

"Аха, јесте."

Седеле смо, ћутале и ослушкивале околне звукове — птичје цвркутање, дечје гласове, звоно у даљини.

Суи је упитала: "Јеси ли прочитала деведесет осму причу?"

"Јесам. Свиђа ми се, нарочито завршетак."

"И мени. Увек заплачем кад дођем до краја. Знаш, оца сам једва знала, био је луцкаст, на своју руку, али бар знам да ме је волео. Баш као у тој причи, признао је да није знао да сам му ћерка кад ме је срео. Помислио је да личим на мајку, али мама је с многима спавала за новац, па ко зна? — можда и није био мој отац. Само, очи ми личе на његове, јел' тако?"

Погледала ме је у очи кад је то изговорила. Хладни жмарци прошли су ми кичмом. Очи су јој биле дубоке и тамне, као дно неког старог бунара.

Климнула сам. "Тако је, иако га знам само са слика. Што не прегледаш крв? Преко крвне групе и анализе гена можеш да утврдиш да ли ти је стварно био отац."

"Размишљала сам о томе. Ако не могу да утврде ко ми је отац, могла бих одмах да постанем права девојка Отохику. Онда ме обузме осећање да би ме новостечена слобода сасвим скршила, да бих се на смрт напила. А шта ако јесмо у сродству? То би било још горе. Ако ништа не проверавам, бар могу да кажем да нисам сигурна, то ми је излаз. Исто као кад треба да се решиш на тест за сиду."

"Људи су тако слаби", наставила је. "Ево ја, одрасла сам у ужасној средини и у животу сам видела много одвратних ствари али и даље верујем да су људи у основи добри. И веома крхки. До сада сам се уверила да они који се нељудски понашају, на крају и сами пате. Тако је прошао и мој отац. А можда постоји Бог. Ко зна?"

Плаво небо учинило ми се невероватно дубоко. То прелепо плаветнило толико ме је занело да сам била у искушењу да је питам зашто нису остали заједно док се не уморе једно од другог, без обзира на туђе мишљење, као у неком љубавном роману. Толико ме је опчинило то плаветнило да ми се учинило да је сасвим могуће живети на тај начин. Али, попут свих других мучних љубави, и они су, вероватно видели овакво небо хиљаду пута, и хиљаду пута се заклињали.

"Имала си гадан живот?"

"Да. Буди сигурна."

Суи се широко осмехнула својим великим устима. Помислила сам, до ђавола, и ја бих се у њу заљубила. Узбуђује ме, као да одувек овако причамо.

"Свако је био опчињен, чак и отац", рекла је.

Изненађена, упитала сам, "Причом? Мислиш да је и мене зачарала?"

"Наравно. Зачара као 'ланац св. Антуна'."

"Све си то измислила".

"Не, часна реч. Зар ти се не чини да ме одувек знаш? И Отохика, Саки?"

Потврдила сам. Управо сам се тако осећала.

Суи ме је погледала, овога пута мало блаже. Била је одсутна, као да кроз мене гледа право у небо. "Неко би то назвао клетвом. Убеђена сам."

Без речи сам климнула главом. Ветар је дувао призивајући сићушне таласе на површини рибњака, као да одговара на њено тешко ћутање. Изненада сам помислила да би она и Отохико могли да се убију, заједно. Самоубиство из љубави било је сасвим могућно. Ако овако наставе, вероватно ће то и урадити. Ужаснула ме је помисао да сам их можда упознала само зато да бих била сведок њихове смрти.

Суи је устала и рекла: "Хајдемо."

"Слажем се."

Пошла сам за њом, чешући убоде комараца по ногама. Корачала је уздигнуте главе, витка и пуна себе, као вољени пас.

На повратку, у колима, сетила сам се оног телефонског позива у кабинету, кад нико није одговорио с друге стране. Питала сам да ли је то она покушала да ме добије. Климнула је и наставила да вози.

"Зашто си прекинула везу кад сам стигла до телефона?"

Скрушено се насмешила и рекла: "Хтела сам само да проверим да ли збиља овде живиш, у ствари ... да ли постојиш. Кад сам чула твој глас, збунила сам се и спустила слушалицу." Нервозно се насмејала.

Повратак је био ужасно тмуран и самотан. Док смо клизиле поред белих зграда у сутон, учинило ми се да веома добро разумем све што ми је испричала.

"Сви смо тако необични — укључујући и мене. Била сам само личност у причи, а сад сам изашла из књиге, разговарам, ходам... А све време као да је моје право биће постало део књиге."

"Нимало добар знак." рекла сам.

Насмешила се.

Растале смо се на раскрсници, на којој је требало раније да ме остави. Кад сам изашла из кола, Суи је рекла "до виђења", одвезла се, није ме ни погледала. Разочарана њеном хладноћом, пошла сам улицом гледајући испред себе. Онда сам зачула трубу. Осврнула сам се и видела да је окренула кола и зауставила се код семафора на другој страни улице. Спустила је прозор и махнула ми, широког осмеха на лицу. Под црвеним небом, њено озарено лице личило је на неки тропски плод. Нисам могла да верујем да сам је тек данас упознала. Чинило ми се да смо одавно заједно. Осећала сам да ми је блиска, као пријатељица из детињства. Било је тако једноставно разговарати с њом.

У једној споредној улици близу стана, угледала сам сребрни месец на вечерњем небу. Подигла сам поглед и помислила на њих троје. Онда сам се, као дете, помолила Богу да не дозволи да се Отохико и Суи убију.

9.

"Знаш да сам упознала Суи. Лепо смо се слагале."

Саки је од изненађења на тренутак остала без речи, а онда је прозборила: "Да ли си то стварно рекла, или ми се само учинило?"

Седеле смо, у мојој канцеларији доконе, после ручка. Уз неспретан осмех, устала сам и отишла до фрижидера по хладан чај. Саки је седела, са смешком на лицу. Имала је жуту хаљину без рукава. Седела је у професоровој столици, а ноге је подигла на његов сто. Навикла сам да је видим у том положају. Кад смо се први пут среле, иза њеног опуштеног тела кроз прозор се видело натмурено кишно небо. Сада је било право лето.

Био је распуст и готово пусто. Чуло се пљускање хладне воде и гласови с оближњег школског базена. Седела сам окрећући лед у чаши и пијуцкала чај. Звук расхладног уређаја ми је много сметао, нарочито откад не могу добро да радим.

"Како то мислиш 'слагале се'?" питала је Саки. "Мене потпуно изнури."

"И мене је заморила, али сам уживала", одговорила сам.

"Шта ти је испричала?"

"Брат и сестра, инцест, Бостон, повратак кући", направила сам гримасу.

"Онда ти је испричала целу проклету причу." Саки се гласно насмејала. Бела рамена затресла су се као сунцокрет. "Чуј, ништа нисам хтела да кријем од тебе, само сам мислила да те се то не тиче. Осим тога, и не спада у лаке теме."

"Знам", рекла сам. "Вас две се не слажете?"

"Могло би се рећи. Мама је искрено мрзи. Нема говора да нас две икад постанемо блиске, после свега што је мама о њој рекла. Било какво пријатељство било би крајње лицемерје."

"Схватам."

"Више пута сам видела њену мајку, кад је долазила због пара."

"Кад си била мала?"

"У ствари, Отохико је већ био одрастао кад смо сазнали. А онда су се њих двоје смували"

Нервозно се насмејала.

"Тако ми је нелагодно због свега што се у породици дешава."

"Могу да замислим. Ја прилично кратковидо гледам на свет око себе. Да ми нико није ништа рекао, вероватно бих и даље живела потпуно спокојно. Осим тога, не виђам се с много људи. Нешто свакако недостаје — не знам шта, можда не умем да саучествујем у туђој патњи, можда нисам пустолов, можда ме други не занимају довољно... Ето, знам како ти је."

"Покушаваш да ме утешиш?"

"Нисам се баш најбоље изразила," насмешила сам се и упитала је: "Каква је Суина мајка?"

"Безнадежан случај, сасвим безнадежан. Суи већ дуго не живи с њом. Вероватно је прекинула сваку везу с њом још пре него што је упознала оца. Њена мајка је више пута долазила до нас и покушавала да извуче новац од маме. Села би и мајци причала најневероватније ствари о себи, да претерано пије, да има венеричне болести, свашта. Уопште нисам знала да смо у сродству са Суи, ни шта се заиста догађа, све док Отохико није почео да се виђа с њом. То ме је растурило. Мајци нисам смела ништа да кажем. Међутим, љубав је тешко зауставити."

"Стварно тако мислиш?"

"Шта?" Саки ме је погледала очима разрогаченим од изненађења.

"Да ће љубав да иде својим путем, без обзира на све остало."

Саки је климнула: "Да, убеђена сам."

"Зар не осећаш физичку одбојност?"

"Не. Мислим, никад не бих тако нешто урадила с Отохиком, јер смо заједно одрасли. Али Суи није познавао раније. Осим тога, обоје смо кивни на оца, што нас је оставио, и увек смо му замерали. С друге стране, очарани смо његовом књижевношћу. Знам како му је. Зар није деведесет осма прича фантастична? Тако романтична и надреална, најбоља прича у збирци. И ја бих се заљубила, кад помислим како су спојени та прича, отац и Суи."

"Стварно сам изненађена. Имала сам утисак да си ти сувише исправна за тако што."

"Ко, ја?"

"Тако ми се учинило."

Саки се насмешила и рекла: "Треба времена да неког упознаш. Другим људима треба прићи отворене свести".

"Не брини", рекла сам, такође с осмехом.

"Бојим се", рекла је Саки, "да не изврше самоубиство."

Значи и она је осетила то. Климнула сам с пуним одобравањем.

"И ти си приметила?"

"Наравно. Имам утисак да желе да умру. Ако наставе, биће још дубље уплетени, што значи и корак ближе самоубиству. Тако ми се чини."

"Сад су добро", рекла је Саки тихо. "Баш лепо, гласови нам тако одјекују у овој великој просторији, као да разговарамо о некој страшној тајни."

"И *јесте* велика тајна!", насмешила сам се.

"Није баш толико значајна. Хајдемо на кафу."

"Важи."

Устале смо и изашле.

Напољу нас је залило блештаво сунце као хиљаде блицева. У првом тренутку све је било тамно, а онда се указао прави летњи видик. На игралишту мирисала је свежа трава. Из ближње школе ветар је доно-сио звук бејзбол тренинга — ударце палице, пљесак и бодрење.

"Како је пријатан ветар", рекла је Саки. Погледала сам је — ветар јој је одувао шишке са чела. Имала сам веома чудан осећај. Преведено на речи, била сам усхићена чињеницом да ову жену готово уопште нисам познавала пре месец дана, а сада смо биле пријатељице. Незнанка, али не странкиња. Била сам толико узбуђена да су ме груди болеле. Нестало ми је даха.

Док смо пролазиле између две универзитетске зграде, подигла сам поглед и угледала правилан четвртаст комад неба; у њему је лебдео веома танак млад месец. Видела сам и облаке како промичу. Тај величанствени призор само је нама припадао. О томе сам размишљала док смо полако прелазиле преко игралишта.

10.

Касније тог дана, почела је киша. Прва после много времена. Сетила сам се оне кишне ноћи када је Отохико дошао. До вечери, олуја је већ попримила снагу тајфуна, грмело је на све стране.

Седела сам у соби и слушала кишу како удара о плочник. Повремено би муње осветлиле небо. Још није било ни пет сати, а као да је ноћ обавила свет.

Управо сам завршила један превод. Није ми се излазило на пљусак, а требало је да направим фотокопије пре краја дана. Невољно сам склопила бележницу и кренула. Одједном сам се сетила да треба да направим и копије Шођијевог превода. Иако ме Отохико замолио, схватила сам да би било добро да имам неколико примерака у резерви. Можда ће ускоро бити време да их покажем Суи и Саки.

Извадила сам драгоцени рукопис и ставила га с преводом у пластичну торбу, да се не поквасе. Навукла сам

јакну и изашла. Напољу је пљуштало. Утрчала сам у нај-
ближу продавницу, у којој је била и машина за фотоко-
пирање.

Спустила сам кишобран поред машине и почела да
копирам. Унутра је светло било веома јако, а напољу не-
бо сасвим црно. Мокра улица, аутомобилска светла у
дугиним бојама. Зелена светлост машине обасјавала ми
је лице. Сваки пут кад би нова муштерија ушла у радњу,
хук олује би заглушио гласове продаваца. Мокри под
светлуцао је белином под флуоресцентним светиљкама.

Толико сам била усредсређена на копирање, да ми се
на крају учинило да сам обавила велики посао. Платила
сам на каси и спаковала прегршт белог папира у торбу.
Киша је ослабила; на западу су се појавили трагови наран-
џасте боје. Фасаде околних зграда биле су обојене бле-
штавом светлошћу.

Решила сам да попијем чај пре него што се вратим
кући, и — онда се догодило. Само што сам искорачила
из радње, чула сам како неко великом брзином трчи пре-
ма мени. Онда ме је нешто тешко ударило у потиљак;
чуо се туп ударац. Више ме је изненадило, него забо-
лело; пала сам на колена. Приметила сам неки предмет
поред себе. Пластична боца са чајем, попут оних из ба-
калница. Окренула сам се и угледала познате беле ноге,
чврсто укопане у плочник, сасвим близу. Полако сам
подигла поглед према њеном лицу.

Не оклевајући, рекла сам: "Шта ти је, до ђавола? Забо-
лело ме је. Шта си хтела?"

Била је то Суи. Лице јој је имало чудан израз. Бледо
и уздрхтало од напетости, али скрхано.

"Види шта си урадила. Сва сам мокра."

Покупила сам торбу и полако устала. Гледала сам је право у очи. Бризнула је у плач и зајецала као новорођенче. Наш други сусрет! Боже мој. Пролазници су се окретали и зурили. Од нелагоде, повукла сам је у оближњу гаражу. Чим смо ушле, бат кише по плочнику ослабио је и уши су ми се напуниле Суиним јецајима. Стајала сам усред мириса мокрих кола, понижена и бесна, као мајка чије се дете бацака по улици. Прво ме обори, онда ми направи овакву сцену.

"Хајде, објасни", готово сам наредила.

Суи љутито одбруси: "Направила си копије јер мислиш да могу да упропастим рукопис. И слагала си ме."

Била сам скамењена. Тражила сам да разјасни.

"Мислила си да ћу да украдем рукопис," рекла је кроз нос.

"Није тачно", почела сам, па сам схватила да звучи као да се правдам. Било ми је криво што сам се тако лако ухватила у њену замку.

"Немаш права да ми приговараш што сам копирала оно што је моје."

"А рекла си ми да си ми пријатељ!" оштро је одговорила. Као да је целим телом испљунула ове речи. Лице јој је било зажарено од напора.

"Никад ти то нисам рекла!" викала сам. Неочекивана пуноћа мог гласа одјекнула је гаражом. Одлучно и гласно, као да се довикујем с неким на другој страни. Видела сам како Суино тело подрхтава, само на трен. Можда сам јој оног дана и рекла да сам јој пријатељ. Можда не речима, већ погледом и осмехом. Можда је то њој било довољно.

Н. П

Из торбе сам извадила копије Шођијевог рада и пружила јој. Без речи је узела цео свежањ и покушала да каже нешто. Лице јој је било свеже, озарено, као у часу кад у некоме речи одједном оживе. Пре него што је проговорила, покрила је уста руком и оборила поглед.

"Је ли ти мука?" питала сам. Подсетила ме је на Отохика оне ноћи. Обоје су прилично вешто изводили овако смеле акробације, а нису способни да савладају један обичан дан.

Суи је закукала и млаз крви поцурио јој је међу прстима. Црвена кап ударила је о под поред њених стопала, као кап мастила на белом листу папира.

Празног погледа, Суи је рекла, "чини ми се да ми је од силног узбуђења пошла крв на нос."

"Зашто си спустила главу, ако ти цури крв из носа? Забаци је."

"Добро."

Нагнула је главу уназад, а шаком је ухватила образе, као мртвац у самртном ропцу. Полако сам јој одлепила прсте, и длан, и дала јој марамицу.

"Хвала", рекла је. Глас пригушен марамицом, којом је покрила лице. Без речи је зурила у таваницу, очију црвених од плача.

Изгледала је тако јадно. Срце ми се одједном испунило и одвратношћу и сажаљењем, истовремено. Какво ли је детињство имала? У животу сам разне људе срела, али Суи је била сасвим нова врста. Те тамне боје које је ширила око себе; та свеобухватна, скоро загушујућа присутност коју ни сама није могла да заузда. Личила је на хортензију полеглу после кише.

"Дођи код мене да опереш лице," рекла сам.

Пристала је. Пребацила сам торбу преко рамена: кишобран сам оставила, сломио се кад сам пала. Узела сам је за руку и повела. Главу је и даље држала забачену. Киша је само роминьала.

Је ли ме пратила? Колико дуго? Није ми било толико стало да бих је питала.

Увела сам је у стан и упалила светло. Стајала је непомично. Дала сам јој пешкир и рекла јој да се опере. Славину је отворила до краја и пльускала лице водом. Када је изашла из купатила, изгледала је освежена и пробуђена. Напетост ми је мало попустила.

"Хоћеш ли и Саки дати један примерак?"

Шишке су јој биле мокре, као да је тог часа изашла из базена.

"Намеравала сам."

"Не мораш", рекла је потпуно безизражајног лица.

"У последње време имам осећај да вас троје све своје емоције остављате на мом прагу", одговорила сам. Да не помињем да ми и у стан упадају. "Не замерам, само ми је необично."

"Прилично је забавно, мораш признати. Чудан је простор у којем смо се нашли. Свима се допада, одувек."

"Мислиш на свет из приче?"

"Тако је." Суи се осмехивала. "Има нечег готичког у њему, а опет је изванредно стваран и романтичан, и помало неухватљив. Чини ми се да је Сакин приступ најразумнији. Одвојила га је од себе и сад га истражује."

"А ти? Не? За тебе је он стваран?" осмехнула сам се.

"Да, ја у њему живим", одговорила је. "Није ми од велике помоћи кад треба да одлучим како ћу даље."

Понекад, кад сам нерасположена, питам се какав би нам живот био да се родитељи нису развели, да не живим толико дуго сама. Шта би се догодило да нисам у оном часу схватила сву моћ језика, да се нисам заљубила у Шођија? Да ли бих и тада била иста као сад? Да ли бих била слободна?

"Не могу да замислим живот без приче", рекла је Суи.

Насула сам јој шољу кафе. Отпила је и рекла: "Кладим се да си сасвим преболела Шођија, и ми ти дођемо као разонода за распуст. Посматраш нас изблиза и пратиш."

Изговорила је то сасвим природно, без икаквог скривеног смисла између редова.

"Откуд знаш?"

Широко се осмехнула. Мислила сам да направим шалу, а онда сам угледала њен осмех и учинило ми се да у њеним речима има истине.

II.

Пошла сам до Саки (и Отохика), у њихов стан. Направила сам још неколико копија рукописа, да им понесем. Све остале дала сам Суи. Окрепила ме је помисао на то да, под овим летњим сунцем, тако једноставно и лако учествујем у нечијем завету.

Иако сам Саки виђала сваког дана на послу, нисам имала појма у каквом стану живи. Разне сам могућности замишљала. Можда је њен стан љубак, опремљен у типично јапанском стилу, можда отмен и сведен. Успут сам одлучила да ће, вероватно, бити један од ова два стила. Видећу кроз неколико минута. Међутим, и даље сам о томе размишљала. Повремено проверавајући на прецизном Сакином цртежу, ходала сам ужареним улицама.

Скренула сам лево, онда опет лево, и после трећег заокрета улево, угледала сам на крају улице савремену стамбену зграду. Зидови су били јарко зелени, мало двориште, управо место какво би Саки изабрала. Око улазних врата увијао се бршљан. Помало тамно и на неки начин похабано, као неко уточиште. Попела сам се спољним степеништем и закуцала на вратима њеног стана број 202.

Чула сам како ме Саки дозива изнутра, "Казами? Јеси ли то ти?" Отворила ми је врата.

"Јеси ли се намучила успут?"

"Не много."

"Отохико није код куће."

Климнула сам и ушла. Погодила сам. Стан је био љубак, мада не детињаст. Тепих је био таман, а полице препуне енглеских књига. Установила сам с изненађењем да ме подсећа на неко место поред мора. Тај морски дух био је скоро неприметан, али непорециво присутан. Имала је једну стару столицу за љуљање, кауч пресвучен кожом, а у кухињи је била округла пећ. Креденац је био пун боца с разним пићем. Као у бродској кухињи.

"Волиш ли море?" упитала сам.

"О, Отохико обожава океан. Хтео је да иде у поморску школу."

"А зашто није?" упитала сам вирећи у његову собу. Унутра сам видела чизме за једрење, књигу о једрењацима, на зиду је висила крма. Та његова црта била ми је непозната.

"Па, због оне жене." Саки је одговорила с осмехом.

"Објашњење кратко и јасно", рекла сам. Саки ми је донела чашу тоника.

"Ставила сам и џин."

"У школи никад не пијемо."

"Тамо смо пристојне."

Седеле смо на поду и пијуцкале пиће. Укус је био сладак и несвакидашње пријатан.

"Загрејала сам се успут."

Осетила сам како џин струји док ми се тело полако хлади.

"Леп ти је стан."

"Хвала. Треба једном да дођеш до нас и у Јокохаму. Тамо имамо праву јапанску кућу, с много просторија. Прави шок за новодошле у Јапан. Одмах смо тамо отишли и једва сам се снашла у распореду. Потпуно ме је растурило.

"Верујем. Волела бих једном да је видим."

Питала сам се како се осећаш кад се доселиш у земљу у којој ниси одрастао. Често сам о томе размишљала откако се сестра удала. Да ли се сасвим прилагодиш, временом постанеш прави домородац, или и даље, у дубини душе, жудиш да се вратиш у домовину?

Тог часа врата су се отворила и ушао је Отохико. Не знам због чега, али ми је увек био занимљив, некако посебан. Видело се да има самопоуздања мада не превише, уз мали додатак безнадежности. И то ми се допадало. И његово лице ми се свиђало. Био је то човек с причом.

"Дошла сам у посету", рекла сам.

"Добродошла."

Као да му је и даље било непријатно што је оне вечери тако касно дошао. Обузео ме је чудан осећај. Н. П. је само књига, за име Бога. Чак иако си опседнут том књигом, требало би да си у стању да је одагнаш из мисли. Сем ако немаш неки непоправљив недостатак.

Шта је с овим људима? Ето, Суи, на пример. У почетку је сасвим стварна, оштрим покретом главе склања косу с лица, осмехује се својим пуним уснама, просипа храну, наједном јој поцури крв из носа. Одговара на моје примедбе, а онда, изненада, стварност почиње да измиче, све се измеша, и постане нестварно. Тако је од првог сусрета. Она је Н. П.

Не знам да ли ме је привукла она, или Саки, или цео сплет догађаја. Понекад ми се учини да ме привлачи Отохико. Осетим нелагоду. У таквој ситуацији, кад је мало људи, а много јаких осећања, разне ствари се привиђају. Међутим, и даље сам имала жељу да будем део тога. Желела сам да сазнам његову причу. У њему је лежала она озбиљна судбоносна нит.

Када се заљубиш, изгубиш вољену особу, полако стариш, све се на неки начин изједначи. Нисам била у стању да разлучим добро и лоше, боље и горе. Једноставно сам се клонила непријатних успомена. Желела сам да се време заустави, да лету никад не дође крај. Била сам рањива.

Саки је изнела неке колаче и понудила Отохика. Одмахнуо је главом и рекао да ће само кафу.

Седели смо на поду, као да је време чаја, и пијуцкали кафу. И то ми је изгледало неприродно, вероватно зато што смо тада нас троје први пут седели заједно, на истом месту.

"Да ли знаш да ме је Суи напала пре неки дан", изговорила сам. "Оног дана кад је пљуштало. Је ли ти рекла?"

"Значи, упознале сте се", одговорио је изненађен.

"Аха."

"Хмм." Рекао је то као да већ замишља шта се догодило.

"И, шта ти је урадила?"

"Ништа нарочито. Била је сва сметена."

"Кад је слуђена, онда је сасвим слуђена."

"Ниси знао да смо се среле?"

"Не. До сада нисам знао."

Саки је седела ћутећи и пила кафу. Коначно је проговорила. "Унапред се извињавам што ћу бити непристојна, али имам нешто да питам."

Отохико је рекао: "Само напред."

"Занима ме како изгледа спавати с рођаком."

Саки је ово мртва озбиљна изрекла и ја сам прснула у смех. И Отохико се насмешио.

"То је крајње безобразно питање. Нисам то од тебе очекивао."

"Била је права прилика да га поставим. У последње време те готово уопште не виђам."

"Нисам никад озбиљно размишљао о томе; вероватно се стално осећам кривим. Не бих умео да објасним."

"Увек си био такав. Треба ти нарочит разлог чак и за пољубац", рекла је Саки.

"Тачно", задиркивала сам.

"Зар можеш с неким да одеш у кревет без разлога?" упитао је Отохико.

"Изгледа да те старија сестра одавно прогања због тога."

Климнуо је.

"Ништа те не силим, само ме забавља да те задиркујем."

Седела сам и размишљала колико је све то необично. Учинило ми се да се понашају на исти начин као и онда на пријему.

"Све је то прошлост. Да се вратим на твоје питање, Суи знам већ толико година да нам више и није до тога. Више смо као брат и сестра."

"Па, то и јесте!" рекла је Саки и сви смо се насмејали.

Онда сам дала Саки један примерак рукописа. Оклевала је. За разлику од ње, Отохико није могао да дочека да га узме у руке и одмах почне да чита. "Ово је савршен превод. Одличан. Има добро да се помучиш, Саки, ако хоћеш да урадиш боље од овог."

Саки је потврдила. Срце ми је снажно лупало.

У сумрак, Отохико је погледао кроз прозор, као да проверава колико је сати. Устао је и рекао да излази.

Пало ми је на памет да је са заласком сунца добио жељу да је види. Можда га је контраст између тамног пејзажа и опалног неба подсетио на светлост и таму које се у њој крију. Сећање на њене беле јагодице нагнало га је да је потражи пре него што нестане, као што светло небо сутона тоне у ноћ. Опчињен је био сазнањем да га одбацује иако јој је потребан.

"Поздрави Суи."

Посматрале смо га како одлази. Саки је затресла главом и рекла: "Безнадежан пар." Онда смо изашле да нешто поједемо.

12.

И преко телефона сам погодила да је пијан. Зове ме, своју сопствену ћерку, само кад превише попије.

"Како си?"

"Добро. Како си ти?"

Било је суботње вече; нисам очекивала да ће ме баш он позвати. Отац више нема своју породицу: жена због које је напустио мајку побегла је с неким другим мушкарцем. Има таквих људи, који се не боје пораза и стално почињу ни од чега. Као да никад нису у сагласности са самима собом, што и није никакво чудо. Такви људи обично тврде да су у праву, али им с лица читаш незадовољство, као да су прогнани у неку мрачну забит. Такав је мој отац, таква је била и његова љубавница. Тешко се сналазим с таквим људима, тешко ми је да будем љубазна, чак и сада, кад сам одрасла.

"Сасвим добро."

"Аха? Ниси усамљен?"

"Навикао сам на самоћу. Уосталом, син ми живи у близини."

"Мој полубрат, је ли?" рекла сам. "Изгледа да је и наша породица прилично сложена."

"Шта тиме хоћеш да кажеш?"

"Знаш добро."

"Има много таквих породица. Свако има неки свој проблем, скоро свако. На свету постоји много различитих људи. Знаш и сама."

"Претпостављам."

"Ако ти се не допада овакво стање, удај се, па сачувај свој брак."

"Још немам довољно самопоуздања да се у то упустим."

Много размишљам о невидљивим ранама, о душевним болестима у појединим породицама, о деци чији су родитељи разведени, о свим тим животним потресима.

Може ти се десити да цео свој век проживиш смишљајући како да се провучеш. Питам се шта би уопште могло да задовољи оца.

"Прилично си попио, је ли? И тако, редовно, сваког дана?"

"Аха, саке. И ти волиш да попијеш."

"То ми је у генима."

"Ваљда."

"Тата..."

Почела сам одавно смишљени опроштајни шут, нешто што од детињства жудим да му кажем — да га питам зар му не би било боље да води нормалан живот, него да се опија — и опет сам се зауставила.

"Како иде посао?"

"Посао напредује."

"Лепо."

Још би га више потресло да га упитам да ли би можда спавао с ћерком, па сам и од тога одустала.

"Чућемо се опет ускоро."

"Важи. Лаку ноћ."

Толико сам пазила на сваку реч да сам била сасвим исцрпљена, као да сам сатима надугачко и нашироко о свему и свачему причала. Сећам се времена кад је још живео с нама и када смо водили сасвим обичне разговоре. Живо их се сећам, као да су у току, а, опет, не могу да их оживим. Имала сам необичан осећај у телу, као кад први пут дуже скијаш или клизаш. Ето шта чини време. Дубоко унутра и даље сам била дете, кад сам на њега мислила. Знала сам, међутим, кад бисмо се којим случајем срели, он би у мени видео одраслу жену, што и јесам, жену која личи на своју мајку. И опет не би ишло.

Сарао Такасе је жудео за смрћу. Слушајући тон очевог гласа те вечери, схватила сам и зашто. Да ли је заиста мислио да је најважнија ствар у животу имати љубавницу? Да ли је, попут оца, мислио да ће то вечно трајати?

13.

"Што не свратиш?" питао је глас с другог краја жице.

У првом тренутку помислила сам да је Саки, а онда сам препознала Суин глас. Заиста су биле сестре.

"Имам нека посла", одговорила сам.

И стварно сам имала посла. Требало је хрпу докумената да средим у канцеларији. Ноћу је у тој згради било као у базену, исто чак и по дану. Ходници тамних боја високог сјаја и стални мирис кисеоника.

"Отохико није код куће, па ми је досадно. Осим тога, имам нешто да ти покажем. Дођи касније, ако хоћеш."

Одједном ми је била блиска, чак и њена суморна страна; искрено сам пожелела да је поново видим. Небо је кроз прозор личило на сукно обојено блештаво плавом бојом. Била сам срећна.

"Добро, кад будем могла да прекинем, свратићу. Шта да донесем?" рекла сам пуна одушевљења.

"Изгледа да си добро расположена. Донеси који колач из посластичарнице", одговорила је и објаснила ми како да стигнем до њене куће.

* * *

Пратила сам њена упутства те вечери и зачудила се колико далеко станује. Имала сам утисак да јој је стан недалеко од мог, међутим, аутобусом сам путовала готово двадесет минута. Живела је сама у једној стамбеној згради, четвртастој и белој као коцка тофуа, на самој ивици града.

Кад сам коначно стигла, покушала сам, као и обично, да погодим како је стан уређен. Није ми пало на памет да ће стан бити готово празан. Ниједна ствар није одавала лични укус. Имала је фрижидер, разне кухињске апарате, толико неупадљиве као да је у питању обичан алат. На поду није било ни тепиха ни јастука. Усред једне собе био је само сто, а клизећа врата имала су рупу на папирном окну. Зурила сам у ту рупицу, а Суи је једноставно рекла, "Одавно се спремам да је поправим, али ми се не да."

Само су полице за књиге носиле траг њене личности. Гомиле старих енглеских књига, књиге с фотографијама, Дикенс, Хенри Милер, Ками, Јукио Мишима, страна броширана издања, модни часописи, стрипови. Као мозаик.

"Тако је празно", рекла сам.

Схватила сам да не воли кућу. За њу је тај стан, вероватно, био само кутија, а тако је и изгледао.

"Имам хладан чај", рекла је и изгубила се у кухињи. Чај је имао блатњав укус.

"Какав је?"

"Одвратан."

"Добила сам га од колега с посла. Скуваћу кафу кад то попијеш," рекла је Суи осмехнувши се.

Седеле смо за кухињским столом и јеле колаче. Звончићи с трема чули су се на ветру. Осећала сам се нелагодно. Због те неравнотеже којом је била окружена у човека се увлачио немир. Међутим, и то је спадало у њене чари. Кад год се растанемо, имам осећај да сам заборавила да јој кажем нешто веома важно, и на крају остане жеља да је што пре поново видим.

"Шта си то хтела да ми покажеш?"

"А, да. Ево, мали знак пажње."

Додала ми је са стола свежањ пожутелог папира.

"Шта је то?"

"Па, у ствари, то је деведесет девета прича."

Била сам запањена.

"Значи, постоји и деведесет девета прича? Зна ли још неко за то?"

Није одговорила.

"А Отохико? Зна ли он?"

Климнула је.

"А Саки? Шођи?"

"Не. Бар ја им никад нисам рекла. Мислим да Шођи није знао."

Учинило ми се да је тужна, не знам зашто.

"Смем ли да је прочитам?" упитала сам и поново је климнула.

Почела сам да читам причу која је била у рукопису, на енглеском. Памтим да је Суи док сам читала седела и гледала кроз прозор. Видела сам је само крајичком ока и, зачудо, кад данас помислим на Суи најживље се сећам њеног профила тог тренутка.

Одмах ми је било јасно зашто је деведесет девета прича остала тајна. Као прича није имала целовитост, можда због Такасеовог тадашњег душевног стања. Све је било само у назнакама, као каква груба скица. Реченице отрцане и патетичне.

Наратор стално изнова описује сцену са женом и децом које је напустио. Сања да одлази кући, у посету породици. Посматра их с улазних врата, и с таванице. Вири кроз уски прорез на клизећим вратима. Не може да им се обрати. Само деца нешто примећују, а мати их убеђује да им се причињава. Он стоји, лица приљубљеног о прозорско окно, и дуго их посматра. Цела прича састоји се само од поновљених описа истог догађаја.

"Тужно", рекла сам.

Овај скривени призор поклапа се с временом непосредно пред његову смрт. Отохико и Саки су у његовом опису исти као што су били кад сам их ја угледала, онда на пријему, непорочни и увек насмејани.

"Увек се тако бедно осећам", рекла је Суи. Схватила сам да причу гледа из сасвим другог угла. Из очију сам јој прочитала.

"Тако се осећаш?"

"Волео ме је и као ћерку, а истоврмено и као предмет своје пожуде, као жену коју је однекуд покупио. Увек ме обузме љубомора кад прочитам ту причу. И страшно ме боли."

"Љубав је љубав, без обзира које је врсте. Лично мислим да је деведесет осма прича фантастична. Љубав мушкарца према ћерки и према жени иста је врста љубави, и то моћно осећање шири се на целу васиону. Оно те узноси. Други треба да буду љубоморни на тебе. То је најбољи део приче."

"Стварно тако мислиш?" упитала је широко се осмехнувши. "Али, видиш, он је мртав, и с њим је умрло и све што је написао. После ове, више нема прича."

"Питам се да ли би требало дати једну копију Саки. Чини ми се да би јој било много лакше."

"Можда. Можда бисмо после тога могле да се спријатељимо. Мислим да бих јој дала, када бих знала да ће то променити наш однос. Не бих волела да само њој буде боље пошто је прочита. Јесам ли гадна?"

"Не, то је сасвим природно". Одговорила сам и тог ми се тренутка заиста тако учинило.

"На чијој си страни?" упитала је Суи збуњеног израза на лицу.

"Нисам ни на чијој страни."

"И мислила сам да ћеш тако да одговориш."

"Па, што си онда питала?"

Била сам веома задовољна — као да ми је Суи указала посебну част назвавши ме чудном. Нисам могла да сакријем осмех.

"Волела бих да ми кажеш да ли ти је отац сам дао."

"Да. Написао је у мојој соби и онда је умро."

"Значи, права ствар."

"Помало је језиво што је написана руком, његовим рукописом. Али, кад ми је дао, била сам право дериште, за друго нисам знала. И нисам ни сањала да ћу је се тако грчевито држати кад одрастем."

"Наравно."

Све је било неприродно, као прича из неке друге димензије, мање присна од неке далеке туђе земље.

Онда је Суи рекла: "Знаш, већ дуго желим нешто да ти дам. И, сад сам одлучила. Сад ћу ти дати."

Насмешила сам се и рекла: "Дај да погодим. Мора да је стота прича, или можда сто прва? Погодила сам, је ли тако?"

"Све време сам чувала зато што ниси била на Шођијевој сахрани." Отишла је у суседну собу, отворила орман и извадила малу дрвену кутију.

"Чудна си ти девојка."

"Шта би то могло да буде? Комад слоноваче?" упитала сам. Сама себи сам била смешна.

"Близу си," одговорила је. "Хајде, отвори."

Кутија је била лагана. Подигла сам поклопац. Унутра је, умотан, био комадић нечег тако белог да сам уздрхтала. У ствари било је жућкасто и учинило ми се познато. Као њена кућа — боја пуна историје. Хиљаде осећања и мисли пролетело ми је кроз главу.

"Комад кости? Је ли тако?"

"Да. Шођијеве."

Суи се самоуверено осмехивала, а ја сам се питала зар не би требало да се стиди. У ствари, изгледа да је била поносна на саму себе.

"Знаш да на сахрани пратња купи пепео после кремације? Е, па кад је на мене дошао ред, узела сам комадић кости. Била је још врела и сва сам се унезверила", испричала је с осмехом, ужарених образа. Седела сам у потпуном шоку. Онда сам помислила да ће ми разговор помоћи да се саберем.

"Ово је све што је од њега остало."

"Драго ми је да си то тако примила," рекла је Суи.

Мени уопште није било драго. Била сам дубоко потресена, више не знам да ли њеном недокучивом намером да учини добро дело, или делом кости Шођијевог тела.

"Хвала."

Мала чамова кутија на мом длану одједном је постала тешка. Покушала сам да не мислим на ту тежину, али је сваки дамар био усмерен само на то, прсти су почели да ми трну.

"Где радиш?"

"Хонорарно у једном клубу."

"И шта ти је дужност? Да певаш караоке с муштеријама?"

"Па, и то."

"Аха. Слушај, не мењам тему... али стан ти је заиста сасвим празан."

Насмешила се: "То ме опушта."

Стан је личио на мртвачки сандук. Уличне светиљке сијале су у тами с друге стране окна.

"Остани још мало", рекла је Суи. "Волим кад си овде."

Било ми је нелагодно кад сам схватила колико сам јој потребна.

"Добро." Непрестано сам мислила на онај угљенисани комадић кости.

14.

Те ноћи нашла сам се с једном другарицом из средње школе и доста попила. Одавно је нисам видела. Напила

79

сам се; не баш толико да не могу да ходам, таман толико да се око свега појави светли ореол.

На повратку кући срела сам Отохика. Ништа необично, излазили смо на иста места у граду. Често бисмо се мимоишли, или бих га угледала како листа књиге у оближњој књижари. Само бисмо се поздравили, и наставили, свако својим путем.

Те ноћи, међутим, била сам ошамућена и нисам га приметила све док ми није пришао и јавио се.

"Оо, па то би могао да буде Отохико!"

"Хеј, пијана си."

"Хајдемо на чај."

Смејао се. "Казами, сад је два ујутро."

"Онда хајде да свратимо до Мека", предложила сам. "Они су сигурно отворени."

"Много је далеко. Купићемо чај из аутомата и попити га овде, на улици."

"Јефтин провод! "

"Летња забава! "

"Истина", одговорила сам.

Половина лета је већ прошла. Кроз неколико недеља полако ће ишчилети. Растужила сам се.

Купили смо чај из првог аутомата на који смо наишли. Две конзерве су се докотрљале и с треском зауставиле. Изгледале су ми веома велике. Онда сам с Отохиком села испред једне радње, на плочник. Кола су шиштала поред нас огромном брзином. Кад би прошао камион, земља се тресла.

"Баш је кул седети овако на улици. Не можеш да се изгубиш", рекла сам, "Можеш да осетиш ноћ."

"Тако је бескућницима сваки дан."

"Тачно. Кад тако живиш, постане сасвим обично."

На том месту време је стало, без обзира на околни живот. Седела сам и посматрала кола и пролазнике. Све је било необично оштро. Уличне светиљке дуж ивичњака као да су биле ближе небу. Фарови су се распрскавали у мноштво боја, у даљини сам чула аутомобилску сирену и пса како лаје, и све уличне звуке, људске гласове и кораке и бат отвореног капка на ветру. Осећала сам влажни ваздух и асфалт још топао од дневног сунца, и мирис лета који је допирао из далека.

"Како се осећаш?": упитала сам.

"Очајно." Пружио је руку према мени и снажно ми стиснуо прсте.

"Хеј, боли."

"Тако се грозно осећам."

"Маза! Колико волиш Суи?"

"Да видимо." Сркнуо је чај. "Толико је волим да ме свака жена на улици подсећа на њу. Толико је волим. Мислим да има нека слична песма. значи, подваљујем."

"Али лепо звучи."

"Међутим, не слажемо се више и нисмо у стању да то поправимо."

"Па, добро."

"Ја се плашим."

Време је стало. Можда нас је милостиви Бог тог тренутка погледао. Тако је било спокојно, једног бесконачног тренутка, у долини ноћи. Ноћ је личила на Суи.

Кад сам се касније, по дану, сетила тог часа, није ми изгледао тако монументалан. Само је тада додир таме био неоспорно неизмеран и чист.

"Док сам живео у Америци имао сам једног доброг пријатеља с којим сам често једрио. Био је доста старији од мене. Једном је дошао да ме посети у Бостону и онда смо све троје изашли на пиће. Суи га није познавала али су се добро слагали. Одлично је глумила улогу моје сталне и одане девојке. Понекад присуство неке треће особе може све да изглади и привидно све је како треба."

"Знам шта хоћеш да кажеш." Нисам му рекла да се то догађа само ако је однос двоје људи крајње несигуран. Ветар је звиждао кроз пролаз између високих зграда, где смо седели. Осећала сам се као риба која свет може да види само из тог чврсто затвореног простора.

"Међутим, пријатеља нисам успео да преварим. Све је приметио. Тачно онако како је било. Кад се Суи уморила и отишла кући, нешто ми је рекао. Рекао је — та ме твоја женска плаши, и испричао да је на мору виђао сличне жене. Мамиле су га у дубине, сваки пут кад би га нешто одвукло од редовних дужности, кад није био у стању да се концентрише, кад се осећао слабим. Човек их сретне само док је млад. И знаш шта ми је још рекао? Рекао је — видео сам много опасних жена и све су ме гледале на исти начин као и твоја девојка вечерас. Зачарају те погледом, понекад без икаквог посебног разлога. Због ње сам се сетио тих жена из мора. Разумео сам о чему говори."

Климнула сам. "Све ти је јасно?"

И он је потврдно климнуо. Касна летња ноћ. Кад сам затворила очи, учинило ми се да чујем кораке како се тихо губе. Непомично сам седела на плочнику и ослушкивала тај звук што сам дуже могла.

15.

Седела сам са Суи на обали реке, на самој ивици града. Грицкале смо хлеб.

Суи је рекла: "Лето је при крају."

Седеле смо и посматрале реку како тече. Површина воде била је прекривена малим светлуцавим таласима.

"Аха."

Ужарено сунце загрејало је бетон на којем смо седеле и све око нас било је блештаво бело. У ушима ми је шумео звук брзог речног тока.

"Сунце је тако врело, да не могу очи да отворим. Као кад сам много поспана", рекла је Суи и наслонила ми се на леђа. Глава јој је била мала и вруђа, као да у длану држим неку мајушну птицу.

"Тешка је ова врућина", сложила сам се и остала непомична, што од претераног јела, што од лењости.

"Баш ми се спава. Видиш, коса ми је скоро плава, кад је окренем према сунцу", говорила је не обраћајући се никоме.

"Ево мало дува."

Ветар је пријао. На зеленој трави насипа неки су се играли, неки шетали псе, а неки седели у групама. Небо се раширило над реком и супротном обалом, и даље све до удаљених кућа. Јарко плаво небо које би све да нас усиса. Тело ми је отежало, руке и ноге натопљене омамљујућим мирисом траве. Све ми је било свеједно, и прошлост и будућност. Затворила сам очи; кроз капке је све било црвено. Осећала сам како ми сунчеви зраци прже кожу.

"Дивно ми је! Само је превише топло. Имам осећај да би и дух сишао да га позовемо. Кога би ти пожелела?" питала је Суи уз кикот, образа и даље приљубљеног уз моја леђа.

"Шођија", осмехнула сам се. Попила сам гутљај сока из боце. Пратила сам хладан слатки укус како ми клизи низ једњак.

"Позваћу га", рекла је Суи и ућутала. Ослоњена на мене прозборила је "Извини, Казами."

Хтела сам да јој кажем да се мане шала, али ми се глас следио. Мада сам знала да се шали, цело тело ми се под њеном главом замзрло. Одједном сам се ознојила. Био је то њен глас, наравно, али долазећи кроз моја леђа добио је сасвим другачији звук.

"Извини што нисам отишао на плажу с тобом. Обећао сам, знам. Извини што ти нисам вратио књиге и сат."

Тело ми је било као узето. Од страха, сузе су ми наврле. Онда сам се скаменила. После извесног времена успела сам да слабашним гласом проговорим: "Шта то радиш? Суи, откуд знаш?"

Окренула сам се и погледала је, а она ми је узвратила празним погледом. Под јаким сунцем показале су се пеге на њеном бледом лицу. Каква нестварна девојка.

"Говорим глупости. А ти плачеш? Извини."

Ставила ми је руку на образ. Била је толико врела да сам се ошамутила.

"Све је у реду. Само сам се нечег сетила."

Села је поред мене и положила ми руку на колено. Жмиркала је због јарке светлости и без речи посматрала реку. На том жарком сунцу неки је прекидач све преокренуо. Као да је тако и требало да буде. Тако сам

то протумачила посматајући у реку. Гледала сам нетре-
мице и осећала да и сама протичем. Вода је била савршено бистра; видела сам рибе како се прaћакају. Трава под мојом руком дахћући је тражила ваздух.

"Извини", рекла је поново Суи. Погледала ме је право у очи и насмешила се. Сваки делић тог насмејаног лица био је опуштен. Подсетила ме је на једну фотографију снимљену у Индији — деца се осмехују пуним срцем.

16.

Мајку нисам видела готово неколико месеци. Онда се изненада јавила и позвала ме да сутрадан ручамо заједно. После сестре и мене, више није рађала. Муж јој је био уредник једног часописа (увек га тако зовем јер никад нисмо живели заједно). Њему је то био први брак, па према томе ни он није имао деце. Звали су ме да живим с њима, али сам одбила; сад ми је жао а повремено имам и грижу савести. Пре свега због тога што је много боље што дуже одлагати самосталност. Кад јој чујем самотни глас преко телефона обузме ме још јачи осећај кривице.

Било је подне, ресторан претрпан, каснила сам десет минута. Утрчала сам и угледала мајку како већ пије чај. Имала је маринско плави костим и фину шминку. Гледала је кроз прозор. Због нечега ме је подсетила на удовицу. У ствари, мама је годинама тако изгледала.

"Здраво, мама", рекла сам. Окренула се и осмехнула.

"Изгледа да си ослабила" наставила сам, кад је стигла храна.

"Можда сам изгубила који килограм. Није ми се јело на овој топлоти."

"Имаш ли много посла?"

"И те како. И сад после ручка имам један састанак."

Осмехивала ми се. Изгледала је старија него претходног пута. Живим углавном не обраћајући пажњу на време, а кад угледам маму, учини ми се да ме је времеплов пребацио у неку одређену будућност. Због тих промена на мајци постајем дубоко свесна пролазности времена.

"Идеш ли на симултана превођења?"

"Понекад. Позивају ме, али у мојим годинама симултано превођење поприлично замара. Прихватим само оне који су ме раније задужили."

"Али радиш преводе код куће?"

"Углавном то."

"И даље, је ли?"

"Зашто тако кажеш?"

"У последње време много хонорарн преводим и питам се шта ли сам и ја почела тиме да се бавим."

"Нисам сигурна да имаш дара за то."

"А зашто? Зато што нисам довољно прецизна?"

"Како да ти објасним? Слаба си, не баш слаба, али учтива. И мислиш да треба бити веран склопу изворне реченице."

То ме је толико мучило у последње време да сам чак размишљала да дигнем руке од свега.

"Без обзира колико си објективна према тексту, то је неизбежно. Ти си толико осетљива, Казами, да ће те сасвим изнурити."

"Значи, нема помоћи?"

"Мислим да нема. Ни Шођи није могао с тим да се избори."

"Имаш добро памћење, мама", рекла сам, а мајка је климнула — наравно да га се сећала.

"Ако се превише унесеш у текст, онда га се тешко ослободиш и тешко га пренесеш у други језик. С друге стране, ако ти се књига од почетка не свиђа, онда се патиш", рекла је уз осмех. "Могу да претпоставим како се Шођи осећао. Ево, више од десет година преводим, и некад сам веома уморна. Превођење исцрпљује на један посебан начин."

Кад нам је келнерица донела слаткише и еспресо, престале смо да причамо о превођењу. Мајка је први пут после много година говорила о свом послу и о ономе о чему размишља.

"Толико се унесеш у ауторов стил да почнеш да га осећаш као свој лични. Сваког дана сате и сате проводиш с тим, и коначно и сама почнеш да мислиш на исти начин. Понекад ми се деси да се толико удубим у ауторов начин размишљања, да се потпуно предам. Не могу да разлучим своје мисли од његових, или њених, ухватим себе како исто мислим, не само о књизи, већ о сопственом животу, и то не само током превођења. Ако је аутор јака личност, преводиоца веже много тешње него читаоца."

"Знаш, дешава се и теби, старом професионалцу?"

"Наравно. Много сам о томе размишљала ових дана. На самом почетку, уопште нисам била добра. Одмах после развода, посао није могао да ми одвуче мисли од свакодневних невоља. Ноћима нисам могла да заспим питајући се да ли ћу успети и да зарадим и да вас две подигнем. А после непроспаване ноћи требало је сести и цео дан се борити с нечијим текстом. Било је то ужасно самотно време. Осећала сам да ће ме све те обавезе напросто скршити. Али сам научила да се издвојим и да повремено уопште не мислим."

"Бринући о нама?"

"Шалиш се? Подизати децу највећи је изазов у животу", одговорила је. "Не, ја сам изабрала ону дечју игру с лоптом — кендаму."

"Шта си радила?"

"Па знаш кендаму. Сад изгледа смешно, а тада сам то сасвим озбиљно радила. Зар се не сећаш?"

Из дубине свести јавило ми се нејасно сећање на звук удара дрвета о дрво који је допирао из мајчине собе. Некад бих га чула и усред ноћи, кад сам устајала да одем у купатило.

Насмејала сам се и рекла: "Тада сам мислила да укуцаваш кочиће у вуду лутку."

"У школи сам била прва на такмичењу! И сад понекад узмем и вежбам, а тада ми је стално било у рукама. Чудо једно, колико сам била обузета. Чини ми се да ни с видео играма не можеш толико да се издвојиш од свега око себе. Ни с телевизијом, ни с књигама, па чак ни са пићем."

"У чему је разлика? Важно је да те нешто сасвим окупира."

"Нисам сигурна. Мислим да слично дејство има сауна; или кад пливаш, дубиш на глави, сечеш нокте. Вероватно треба да буде нека физичка радња. Можда је то била моја лична потреба. Чак и с овим садашњим преводима повремено осетим да треба потпуно да се издвојим, на неко место које у себи не носи причу."

Прича. Историја. Као да сам недавно већ чула ту реч. Суи је поменула.

"Треба се сасвим препустити оном што радиш, као кад изговараш мантру, као кад медитираш..."

"Да, потпуно."

"Шођи и ја смо превише волели приче, због тога вероватно и нисмо за преводилачки посао." Нисам била сигурна да бих сасвим да се предам ни кендами, ни сечењу ноктију.

"Не, ти упијаш све око себе, до последње честице. Сети се само кад си изгубила глас? Осетљива си на све људе око себе, мада не желиш да учествујеш. Зато си вероватно тако издржљива. Али, шта год да се деси, не бих волела да те икад више видим да плачеш као после Шођијеве смрти. Чудна си ти девојка, Казими, помало слична оцу."

"Јављао се пре неки дан."

"Како је?"

"Доста лоше.

"Емм?"

"Ти се не мењаш, мама. И даље си тако млада."

"Стварно?" рекла је уз осмех.

Физички је сваки пут изгледала старија, али у разговору бих ухватила неки делић њене праве природе. То је део који се опирао годинама и понекад ми се чинило да разговарам управо с том младом женом унутра.

"Како се проводиш ових дана, Казими?"

"Сјајно."

И заиста је тако било, а ја сам због тога била још жалоснија. Знала сам да ће овај део мог живота ускоро припасти прошлости. Имала сам осећај да разумем бар мали део онога што је мајка претрпела, и како се осећала. Више нисам била дете. Од тога ме наједном обузела страшна самоћа; била сам потпуно сама.

17.

Суи ми је била веома драга, а виђале смо се само кад би се она јавила. Ја њу никад нисам звала. Било ми је јасно да треба да поставим границе нашем дружењу, иначе се неће одмицати од мене. У том случају, знала сам, постала бих толико зависна да више не бих могла да живим без ње. Тако је деловала на људе.

Необичне су биле те две седмице средином лета. Сунце је било тако јако и тако блештаво, као да не залази. Људи су се променили, свашта се догађало под тим непролазним сунцем. Нисам ни приметила да се ушуњава јесен. Изненада једног јутра ветар је постао хладан а небески свод побегао у висину, опоменули су ме да време тече и развејавали наде да ће лето вечно трајати.

Нисам ни приметила, а ствари су се промениле. Суи ме је стално звала. Кад бих чула њен глас, тих врелих летњих дана, имала сам утисак да ми душа труне у самим ушима. Знала сам да ће нечему доћи крај. Онда би ми се пред очима указао Отохиков лик, исти као оне ноћи кад смо седели на месечини поред пута.

Јавила се касно једне ноћи. По гласу сам видела да је поприлично пијана.

"Отохико је већ легао. Подлац један", рекла је.

Претерује, помислила сам.

"Ваљда му се приспавало. Па шта онда?"

"Увек сам с неким спавалицама. Мајка би пијана заспала, а ја бих је посматрала до касно у ноћ. И он је био такав — отац, онај човек, господин Такасе, како уопште да га зовем? Расприичао би се у мраку, шта жели, за чим жали, потужио би се на нешто. На крају би изнео могуће решење — то би увек била завршница његових монолога — и заспао. А ја бих остала да лежим, сасвим будна, и мислила на уметност, слободу, побуну. Више сам размишљала од њега, сасвим сигурно. То ти је предност несанице. Они који рано лежу обавезно се жале да је ноћ кратка. Буднима је дуга као вечност. Свашта можеш да урадиш."

"Што и ти нешто не попијеш и сместиш се у кревет?" предложила сам. Учинило ми се да пати.

"Већ пијем."

У гласу јој нисам осетила ни бес, ни сузе. Као да је била сасвим испражњена, попут празног, усиљеног осмеха на лицу остављене жене. И сама сам се често тако осећала, па ми је слика њеног расположења била сасвим јасно пред очима. Мушкарци обично не примете те танане промене осећања. Можда и примете па заспе (и то је облик бежања), као што је Отохико урадио.

"Зашто тако гласно говориш кад Отохико спава?"

"Не јављам се од куће."

Срце ми је стало.

"Где си, у говорници?"

"Аха, близу твог стана."

Нисам се изненадила. Решила сам да сиђем до ње, и онако нисам имала друга посла.

Али, прво сам јој рекла: "Теби се, изгледа, чини да ја само доколичим."

"Људски односи раније нису били овакви, знаш и сама. Некад давно, сви су имали времена за друге, били су много љубазнији", смејала се.

"Значи, сад си у говорници на углу? Одмах долазим, па можемо да одемо на пиће."

Зграбила сам ташну и изашла. Док сам корачала мрачном улицом, пало ми је на памет да Суи можда и није тако необична као што ми се учинило. Можда је савршено здрава. У ствари, уопште није деловала растројено. Напротив, сасвим сабрано. Шта ме је, онда толико привукло? Зашто је била сама себи довољна, зашто је била способна да опстане сама? Или је у питању јединствен узрок њене патње, због којег се није могла мерити с туђом?

Суи је стајала испред говорнице из које је звала. Личила би на танку врбову грану на летњем поветарцу, само да није било наочара за сунце.

"Шта ће ти те наочаре. И онако је мрак."

"Очи су ми црвене од плача", рекла је кроз нос.

У папирној кеси држала је боцу вина. "Да си ме тиме гађала, била бих сигурно покојна."

"Не брини!" гласно се насмејала. Лакнуло ми је кад су јој се усне развукле у осмех. Не волим кад људи плачу.

"Успут сам свратила на пиће."

"Опа! Право из боце у кеси. Лепо! Биће да замишљаш да си ТВ суперстар?" Задиркивала сам је и нежно потапшала по рамену.

"Није тачно. Пила сам из папирне чаше." Поново се насмејала.

"Охо. Не волим тако да пијем вино." Забављале смо се.

"Штета. Баш сам хтела да ти испричам како изгледа то место где сам свратила. Невероватно. Хоћеш да сад одемо заједно? Или би више волела неки кафе?"

"Не. Идемо на твоје место. А где је то?"

"Обожаваћеш! Нема живе душе", рекла је. "Кладим се да си била тамо много пута."

"Где би могло да буде?" Размишљала сам.

"Само хајде за мном."

Пријало ми је да изађем те вечери. Био је викенд и сви, ама баш сви су изашли на улицу, као да је нека прослава. Волим летње ноћи. Неки момци су нам пришли, вероватно због наше оскудне летње одеће а можда и зато што смо тако доконо лутале. Не осврнувши се, наставиле смо даље.

"Је ли да је весео овај крај лета. Сви су набијени енергијом, а Отохико је баш сад нашао да спава кад врви од забаве", изјавила је Суи. Црвена мајица на њој лепо се истицала на тамној позадини ноћи.

"Не чуди ме. Ко год је с тобом мора тако да се понаша да би преживео."

"Биће да си у праву. Требало би већ једном да схватим да нисам центар васионе", рекла је с осмехом. Кад бих о њима говорила на исти начин као о било којем другом пару, остао би ми горак, љут укус у устима.

"Где ти је то место?"

"Одмах близу раскрснице на којој је велика самопослуга. Знаш где је то? Е, па, ту у близини."

"Ма немој! То је онда близу Шођијевог стана."

"Не иде ти се?"

"Не, у реду је. Одавно нисам била у том крају. Неће сметати да га опет видим."

Кад смо најзад скренуле у уску улицу која се одвајала од булевара, од помрчине ми се завртело у глави.

"Ево га."

Стамбена зграда се уздизала високо у мрак. На белом платну обешеном на фасади писало је да су радови у току. Сви прозори били су у мраку. Није ми било јасно да ли само реновирају или надзиђују. Тако значи!

"Долазила сам пар пута док је овде живео, али никад нисмо водили љубав, јер није хтео да те повреди. Фини момак?"

"Како ти кажеш."

Подигла сам поглед према згради у тами. На првом спрату је био локал хемијског чишћења. У станове се улазило кроз бочни улаз. Здепаста, сива троспратница без лифта. Шођијев стан био је на трећем спрату. С његовог прозора видео се само уски део улице, тих ујутро, и у подне и увече.

Толико је било мирно, чинило ми се да кроз прозор гледам у Шођијеву душу. Тих дана сам добро спавала — задовољна како вероватно никад више нећу бити.

Суи је проговорила. "Кад сам свратила пре извесног времена, обишла сам зграду и пронашла пут до самог крова. Све време сам плакала."

"Дивно. Као у неком авантуристичком роману."

"Хтела сам да проверим да ли смем. Мислила сам да ће бити језиво кад стигнем тамо високо сасвим сама."

Ушле смо у мркли мрак и тишину. Бат наших корака одјекивао је кроз бездан мрака. На зиду одморишта препознала сам мрљу кад ју је обасјала месечина. Живо сам се сећала само те мрље, што се често догађа с успоменама из детињства.

У средњој школи, сањала сам да овде станујем. Нисам замишљала ни удају, ни селидбу, само да останем у његовом стану и да се више не враћам кући. Док сам се пела степеницама и гледала мрачна улазна врата, пред очи ми је искрсла слика коју више нисам могла да одагнам. Поглед на Шоћијев стан из птичје перспективе. У дну улазних врата, лево, креденац. Фрижидер тамнозелене боје. Белешке и фотографије прикуцане на зид. Кревет поред прозора. Тегла пуна новчића. Велики папагај којег је тајно чувао.

Имала сам упечатљив осећај да ће тамо све бити као и пре, као кад се духови врате кућама за време будистичких празника пред крај лета. Као у врту око дедине куће, куда сам одлазила само преко распуста. Живо се сећам биљака и цвећа, али људе више никад нећу видети, нити ћу икад више отићи у ту кућу.

"Као да сам пијана, иако ништа нисам попила. И глас ми необично звучи, је ли тако?" Глас ми је подрхтавао у мрачној тишини.

"Пијана си од успомена", рекла је Суи нехајно.

Стигли смо до одморишта на врху степеница. Само једном пре тога била сам на крову, да пуштамо змаја. На кровним вратима била је брава. Шоћи је имао свој кључ, па смо могли да се попнемо и пуштамо змајеве које смо сами правили.

"Врата су закључана."

Зграбила је зарђалу кваку и жестоко је протресла, као горила у кавезу.

"Проваљујеш! Правиш ушасну буку", викала сам на њу.

"Не брини", одговорила је бацајући се на врата. Нисам могла да јој видим лице, уплашила ме је та жестина. Коначно је узвикнула, "Успела сам", и уз шкрипу отворила врата. Излетеле смо из загушљивог мириса боје и разређивача на свеж ноћни ваздух.

"Како је лепо опет бити напољу", рекла је. Насред крова стајао је поломљени резервоар за воду. Оштри обриси града простирали су се свуд наоколо и било је тако мирно као да се светлости града огледају на површини језера. Селе смо и Суи је извадила боцу.

"Нажалост, није охлађено", рекла је додајући ми чашу, "а надам се да ти ни папирна чаша неће сметати."

"Те папирне чаше се гадно натопе вином."

Црно вино веома доброг укуса.

"Хоћеш ли сира?" упитала је Суи, извадила сир из торбе и пружила ми комадић.

"Права журка."

"Па, и није лоше. Само лети можеш да пијеш ван куће; и у пролеће, кад трешње цветају." Као да чујем Отохика.

"Обоје волите слободан простор? Недавно смо Отохоко и ја направили чајанку на улици"

"Увек имам жељу да изађем после сваће. У стану се осећам као у кавезу. Кад изађемо, онда се и помиримо."

"Још један савет мудраца", рекла сам. Чуо се слаб звук аутомобила који су пролазили улицом испод нас. Задрхтала сам кад ми је прохладан ветар прешао преко ознојеног тела и овио сукњу око колена.

"Знаш шта је најбоље? Кад на оваквом месту мало попијеш, одеш у кафе на још једну чашицу пре повратка кући. То ти је нешто сасвим посебно."

"Аха, мора да растура кад си на тако различитим местима."

"Хоћеш?"

"Важи."

"Знаш, у ствари никад нисам имала ниједног правог пријатеља. Била сам с много девојака, а ни с једном нисам могла овако да причам. С Отохиком јесам, само с њим."

"Он је мушкарац. Можда сте зато савршен пар. Можеш да му се пожалиш, да му откријеш све своје стрепње, и опет да будете заједно."

У томе је тајна успеха већине парова.

"Питам се", размишљала је Суи, "да имамо нормалан однос, можда бисмо одавно раскинули."

"Како је било с оцем?

"Биле смо сиромашне, ја веома млада, скоро дете. Живеле смо у центру града и мајка је најед ном нестала. Остала сам смушена и збуњена. Нисам била у стању да разликујем лоше и добро. Једино сам имала на претек енергије. Био је мој тип и никад нисам размишљала о томе да можда радимо нешто лоше. Међутим, сигурна сам да је он мислио на то, као што сам сигурна и да је морао да умре тада, чак и да се нисмо никад срели. Сад ми је драго што смо били заједно и тако блиски."

"Можда мало претерано блиски?" рекла сам, а она се само насмешила.

"Можда. Али ми не смета. Јапан је тако крут. Људи имају само оне устаљене појмове о добру и злу. Превише брину шта ће други помислити а манијаци те јуре по подземној. Онда, опет, сретнеш неког ко је тако љубазан да се расплачеш. Ништа не разумем. Нечувено место.

Међутим, сад сам старија и нешто се у мени мења. Не осећам се добро у Јапану, али некако се сналазим."

"Тако, значи, размишља Јапанка која је скоро цео живот провела ван земље."

"Јесте. Помирила сам се била с тим да не знам где ћу се следећег јутра пробудити."

"Ја бих полудела."

"А волела бих да сваке ноћи спавам у истом кревету, свом кревету."

"Па сад можеш."

Рекла ми је још и да жуди за животом који није тако диваљ. Само да не крене с појединостима своје тужне и мусаве личне приче.

"Шта си се снуждила! Све што сам ти рекла сушта је истина, иако можда звучи као измишљотина. Ево ме, жива сам. Ствар није за јавност, само за твоје уши", изненада је рекла Суи. Остала сам запањена.

"Извини. Зар стварно изгледам тако безнадежно?"

"Да, као да више не можеш да слушаш такав очај." Суи се смејала. Уске очи су јој светлуцале.

"Јеси ли икад била стварно заљубљена?"

"Мислим да јесам, али нисам сигурна. Можда у Шоћија. Умро је пре него што смо се честито посвађали", одговорила сам. "Откуд то да се понашаш као старија сестра?"

"Сви које сам срела од повратка у Јапан некако су нестварни, чак и Отохико. Раније сам мислила да су људи одурни, прљави, пуни разних емоција, сажаљења и племенитости, бескрајно заплетени. Уживам у животу, и у љубави. Волим да будем женствена, истовремено и јака и слаба. Волим кад после неке жестоке свађе, урлања и свега осталог што уз то иде, седнемо и гледамо месец. Волим она различита осећања кад смо заједно, чак и кад плачем. Кад одлазим човеку кога волим, увек се трудим да добро изгледам, без обзира колико смо дуго заједно. Чисто нагонски. Не размишљам о томе." Смешила се. "Треба да доживиш бар једну дивљу љубав. Научићу те, само што сам и ја жена..."

"Јеси ли некад била заљубљена у неку другу жену?" упитала сам а срце ми је жестоко ударало.

"Било је жена које су ми изјављивале љубав, али никад нисам узвраћала. Да јесам, осећала бих се као олимпијски победник."

Гласно сам се насмејала. Осећала сам да ме ухватило вино. Искричаве светиљке града биле су ближе.

"Свиђаш ми се. Осећам да сам с тобом безбедна, мада узнемирена. Необично осећање. Мислим да си ме спасла. Друкчија си од других," рекла је. "Хајде да се заједно проведемо, остало је још мало лета."

Онда се испружила поред мене. Сладак мирис њене косе сасвим близу, траг јасмина и сандаловине. Миомириси летње ноћи милили су ми уз ноздрве.

"Питам се шта ћеш радити једног касног лета кроз много година. Где ћеш бити?" питала сам.

"Не знам."

Плашила сам се све веће искрености и отворености међу нама. Њена нежна брижност подсећала ме је не оданост кућног љубимца и ужасавала ме. Није ни помишљала да би ико могао да је физички одбије. Нисам била лезбијка, али ни невина средњошколка. Била сам само жена.

Све троје носило је тежак мирис своје прошлости, кад им је живот био битан и пун. Дружење с таквим људима личило ми је на шетњу расцветалим вртом који је помало изван реалности. Стално сам то осећала Ово раздобље живота било ми је дивно, прелепо. Али све има своје границе. Не може вечно да траје. Понекад бих отворила очи и питала се зашто сам и даље с њима.

Ветар је јако дувао, постало је хладно.

"Као да носиш неку клетву", рекла је.

"Престани! Не говори такве ствари по мраку." На белом бетонском поду лежало је старо уже за веш. Мртво место, на којем дише само неколико светлости на обзорју. Да ли нас неко слуша? Је ли он увек присутан, увек овде?

"Да ли си осетила то после Шоћијеве смрти?", питала је. "Јеси ли имала осећај да је неко стално у истој просторији с тобом?"

"О чему причаш?"

У ствари, знам, управо то сам осећала оног јутра кад је умро, у истој овој згради.

Суи је широм отворила очи. "Ја то осећам откако сам упознала оца, увек исто, па чак и касније, кад сам била са Шоћијем и Отохиком. Осећам се немоћном, као оруђе нечег што је изван мене. Увек сам ја она слаба страна.

Само се тога плашим, ничег другог. Непрестано то осећам. Тако је било у соби пре очеве смрти. Видела сам трагове. То је сила зле судбине и избија из књиге. Отац је због тога умро. Мука ми је кад помислим да то можда мени улива живот, да ме је довело теби, довело нас овамо да седимо и разговарамо."

"О чему, заправо, говориш? О моћи и снази те књиге? О очевом дару?"

Подигла сам поглед према звезданом небу. Ту, на врху једне развањене зграде, као на неким рушевинама непознате земље, седим и размишљам о људима које сам у животу упознала. То осећање припада мени. Ко сам уопште ја? Даље од тога не могу.

"Не, нисам на то мислила. Отац је сад само пепео, а пре тога, шта је био — лутајући Јапанац који је напустио своју земљу. То га је држало у власти и није нестало чак ни после његове смрти."

"А шта је 'то' — уметност, уметничка душа? Или можда говориш о нечем другом..."

Зауставила ме усред реченице. "Мислим на нешто друго. Не схваташ? На зао дух, на клетву, на злу карму. На злу крв због које Отохико и ја не можемо да будемо заједно."

"Јеси ли сигурна? То може да се победи."

"Питам се", рекла је Суи. "И њој би било боље да се мане тога."

"Коме?

"Саки. Ах, нисам ти рекла. Послала сам јој копију оне приче."

"Брза си!" рекох изненађена. Устала сам и посматрала улицу дубоко испод нас, држећи се за ограду. Као да су се небо и земља преокренули — толико је неочекиван био њен потез.

"Сама си ми рекла да јој пошаљем; онда сам и ја закључила да је тако најбоље."

Окренула сам се и угледала је с гримасом на лицу. У тами су сијали њени бели зуби и бели шорц.

"Требало је лично да јој даш", одговорила сам.

Била је збуњена. "Не... то не би било лако... О, боже, ал' сам се напила."

Окренула се на стомак. Посматрала сам је како комадиће изломљеног бетона скупља на гомилу. Онда се умирила, и лежала склопљених очију. Узнемирена, сагнула сам се да проверим да ли је добро. Заспала је. Протресла сам је да је пробудим.

Протрљала је очи и села. "Сањала сам гроб. Не ваља што доле испод нас нема никог."

"Да. Ово је један велики гроб. Хајдемо одавде."

Климнула је главом. Спустиле смо се на прометну улицу и отишле на пиће. И сад кад се сетим, знам да ме те ноћи ништа није повредило. Осећала сам се лагодно, као да ме обавија неки сан из детињства.

18.

Једног поподнева пред крај августа, шетала сам са Саки, на повратку из биоскопа. Решиле смо да свратимо на чај пре него што се растанемо. У том крају пред станицом било је мноштво људи, а опет је на неки начин изгледало мирно.

Прешле смо сквер у чијем је средишту била фонтана која је, попут неке уметничке слике, сијала свим дугиним бојама. Кроз разиграну воду угледала сам њено мајушно лице. Суи је увек имала посебно држање, па се издвајала чак и из огромне масе света. Ходала је самосвесно, лаким кораком.

Позвала сам је, не размишљајући. Саки се скаменила. Суи се окренула и поздравила ме. Чим је угледала Саки, њен непосредни израз претворио се у гримасу. Пришла је.

"Одавно те нисам видела. Хвала на причи", рекла је нехајно Саки, као да је сваки дан виђа. Изненада, Суи је загрлила Саки. Чврсто је држећи у рукама, прозборила је: "Колико је времена прошло."

Очи су јој се напуниле сузама. Била је искрено срећна што су се среле.. Саки је одгурнула и рекла, "Престани. Остави ме." Њен пријатан осмех као да је упозоравао на лепо понашање. Суи ју је пустила. На лицу је поново имала свој уобичајени израз.

"Стварно си порасла", рекла је. "Отохико ми је стално пред очима, а тебе увек замишљам као дете. Драго ми је што сам те срела. Ни сама не могу да верујем колико сам срећна."

Све три смо стајале. Кола су полако кружила тргом; на станици нанизани аутобуси. Толико је ствари испуњавало то веома обично, ведро поподне. Све оне неразмрсиве везе, све оно што се у међувремену догодило, све различите удаљености Јапана од осталих делова света. Људи су пролазили крај нас. Њихови гласови прекидали су наш разговор, а нико није био свестан шта се између нас догађа. Осећала сам се необично.

Зашто је Суи заплакала? Шта ће се догодити кад њих две коначно опросте једна другој. Иако сам их кратко знала, опхрвало ме осећање да их посматрам још од њиховог детињства. Не мора баш стално да буде тако замршено. Надам се да сте сви срећни. Понекад ти треба да превалиш дуг пут до своје праве породице. На том месту где смо стајале ваздух је био пун напетости.

Суи је рекла: "Сада више личиш на тату него кад си била мала."

Саки је поцрвенела. "Стварно? А шта те подсећа на њега?"

"Очи и нос. Исти су."

"То и мама каже."

"Вас две личите", додала сам. "Изгледате више као сестре, него полусестре."

"Заиста?" рекла је Суи и испитивачки посматрала Сакино лице. Толико је помно гледала, учинило ми се да ће прогорети рупу кроз њу. Изненада, слабашно се осмехнула. Одмах потом осмех је постао тако тужан да сам скоро уздахнула. Нешто ју је мучило. Већ сам видела тај осмех. Осетила сам бол који ми је био познат од раније. Кад је Суино лице повратило свој пријатни осмех, рекла је, "Можда заиста има сличности, ту негде око носа." Забила је кажипрст Саки у нос.

Кад смо се опростиле од Суи, Саки је рекла: "Чуди ме да до сада нисам налетела на њу." Учинило ми се да је збуњена.

"Можда је Бог тек сада одлучио да се сретнете", одговорила сам.

"Зашто? Нисам се уопште изменила."

"Тако је то у животу."

"Ипак је то живот мог брата." Саки се насмешила и додала: "Бринем се за њу. Тако је изгубљена. Сваки пут имам благи осећај кривице. Отишла је као да ће нестати заувек. Питам се да ли ћу је икад поново видети."

Окренула сам се и видела њену жуту блузу како се губи у даљини. Личила је на балон који је неко пустио. Гледале смо како одлази низ ужурбану улицу.

Чак ни сад не могу речима да опишем шта се после тога догодило. Можда ће Отохику поћи за руком кроз неколико година. Нисам у стању да било шта сувисло испричам о том лету. Сећам се само врелог сунца и веома снажног осећања да сам одсутна. Да нисам ту. Која ли је била моја улога? На који начин су се творила моја осећања? Као да сам сама постала то лето. И као лето, имала сам велику предност. Могла сам да је посматрам.

Суи. Постала сам део ваздуха у којем је Суи обитавала, који је удисала у својој несхватљивој тузи. Мислим да један део тих осећања и даље живи у мојој души. Оптерећена лоше уписаном судбином и душом која је призивала ту несрећну коб, Суи је све своје моћи упослила да се пробије кроз љубав. Била сам сведок.

Колико су се њен отац и Отохико разликовали? Од милиона мушкараца на свету, зашто се определила за најближе рођаке?

Суи је пажљиво бирала оно у шта ће да верује.

Савршена љубав не постоји. Ако прекинеш с Отохико, и њему ће лакнути.

Јеси ли задовољна својим досадашњим животом? Сама си крива што ти се још ништа добро није догодило.

Упркос својој дрскости, знала је да су јој слаби изгледи. Веровала је у јецаје те несталне душе и у своју непогрешиву проницљивост.

Поседовала је изворну и неукроћену животну снагу. Као маче бачено у блатњаву воду — неутешно мјауче, али преживи. Шођи није имао ту жилавост, а људи попут Отохика и мене нису у њу довољно убеђени и зато остају у недоумици.

Суи је схватила да је та снага њен једини излаз. Тог лета, посматрала сам је изблиза. Посматрала сам Суи.

19.

"Зашто не свратиш? Страшно сам усамљена", рекла је Суи кроз сузе.

Не опет, помислила сам. "Шта се догодило? Где је Отохико?"

"Хоћеш да ти кажем где је?"

Упркос плачном гласу, гласно се насмејала, "Обожаваћеш. Отишао је на логоровање."

"Молим?" и ја сам се насмејала. "На логоровање, све с логорским ватрама?"

"Стигао је један пријатељ из Америке и заједно су отпутовали. Отишли су пре три дана."

"Стварно се понаша као дете. До краја. Чуј, хоћу нешто да ти испричам. Сврати."

"Важи. Могла бих да одвојим мало времена."

То нам је био први сусрет и разговор откако смо је Саки и ја случајно среле по повратку из биоскопа. Вече се тек спуштало. Час кад палимо лампе да отерају тамноплаву светлост која се полако увлачи у кућу. Тих дана глава би ми се разбистрила тек касно послеподне, као код алкохоличара. Посматрала бих уличне светиљке како плутају по тами улица стамбене четврти на брду. Попила бих пиво и тек тада схватила да је већ нови дан, да сам до тада обавила све дневне дужности, као и остали. Тек тада сам се будила.

Питала сам се да није нешто ушло у мене. То осећање, међутим, није се могло поредити с привидним присуством неког другог бића, као код подељене личности. Била сам опседнута и још једно питање стално је изнова искрсавало: а кад ме то ништа није опседало?

Н. П

Закуцала сам на врата, и нико није одговорио. Пробала сам кваку. Врата су се одмах отворила. Унутра су све светиљке биле упаљене, али Суи није нигде било. Приметила сам да су клизећа стаклена врата према трему одшкринута. Светло вечерње небо подсећало је на слику урамљену алуминијумским довратком.

Ушла сам у собу и приметила Суи напољу, на трему. Зачудило ме да пуши — то је ретко радила. Ветар јој је подигао косу и тако је остала.

"Здраво."

Окренула се и рекла: "Уђи."

Личила је на дашак облака на позадини шареног ноћног неба. Усне су јој биле модре од хладноће, а очи црвене.

"Скидала сам веш с конопца, па сам се уморила. Правим паузу."

"Не брини за мене", рекла сам и села на под близу трема. Суи је изненада тешко уздахнула.

"Шта је било?"

"Зашто си баш на то место морала да седнеш? Сад си се сва испрљала од кафе."

Окренула сам се и спустила поглед — позади на белим летњим панталонама имала сам огромну мрку мрљу.

С гнушањем сам одмахнула главом. "Лепо, богами. Као да сам се укакила."

"Малочас сам се саплела о бокал с кафом. Изгледа да сам заборавила да обришем под", закикотала се. "Глупа случајност. Додај ми панталоне. Ако их одмах оперемо, мрља ће изаћи."

"Дај ми неке друге да обучем."

"Ево, изволи."

Из корпе са чистим вешом извукла је црну штрикану сукњу и пружила ми је. Отишла сам у купатило да се пресвучем. За то време убацила је моје панталоне и мало прашка у машину за веш.

"Жао ми је", рекла је и сагнула се да баци неку крпу преко барице кафе. "Ставићу ову крпу да не седнеш опет на исто место."

"Духовито." Стан је био пун пријатног зујања машине за веш.

"Волиш ли да переш веш?" упитала сам.

"Волим звук машине", одговорила је.

"Изволи, ово је за тебе." Додала сам јој цвеће и слаткише.

Суи је узела цвеће и рекла: "Љиљани! За мене? То ми је омиљено цвеће. Личе на мене, зар не."

"Љиљани не личе на оне који тврде да личе на њих."

"Како ти кажеш."

У ствари, мислим да помало личе, посебно по свом јаком мирису и жутом праху који се лепи на одећу. У том тренутку Суи се тако благо насмешила и ништа нисам рекла. Осећала сам се као стидљиви пубертетлија.

Очи су јој биле као стакло, зенице хладне и опрезне. Тог дана, Суи ми се учинила тако љупком, као да ме обасула свом љупкошћу коју поседује. Могла је да загреје ваздух и нежно га одува, попут љиљана. Мирисала је на слатки сок справљен од укуваног очаја.

"Рећи ћу ти — све ми је некако бљутаво откако сам је дала", рекла је спуштајући вазу с љиљанима на сто.

"Мислиш, причу?"

"Да. Зар није чудно. То ми је била последња веза са детињством. Док је била скривена, ишла сам омамљена својом тајном. Мислила сам како нико не зна за то. Несвесно, наравно. Чак сам мислила да сам због те приче вредније људско биће. Право слуђено дете!"

"Чудо, јер се веома добро сналазиш и сама. Та прича је више била нека врста амајлије. Снашла би се ти било где у свету — овде, у Африци, Индији, било где."

"Озбиљно то мислиш?" Суи се смешила. "Имам утисак да ми се враћа самопоуздање."

Видело се да то каже само да би ме умирила. Растужила сам се. Требало је да је нечим орасположим.

"Много се жалиш, а у суштини си врло јака. Никад никакву лудост ни глупост ниси направила. И на крају ћеш бити срећна, веруј ми. Имаш дара и страсти за живот. Довољно дуго сам с тобом и могу да осетим. Имала си тежак живот, али бистру главу."

"Хвала." Углови усана су јој се незнатно подигли. Тај дашак осмеха подсетио ме је на сличан израз Шођијевог лица. Нека нежности која произлази из кроткости, и тврдоглавост која не слуша разум.

Суи је проговорила: "Дар и чар напросто прогутају човека. Утопићу се у светину и умрети као нико и ништа."

"До тада много штошта мора да се промени. Само си уморна."

"Одавно нисам ствари посматрала из глобалне перспективе. Можда од сусрета с Отохиком? Или од како сам се посвађала с мајком? Откад сам спавала с оцем? Откад сам се разишла са Шођијем? Откад су ме ватали сви они мушкарци по баровима? Откад сам стигла у Јапан? Не могу тачно да се сетим."

"Бледа си и изгледаш уморно."

"У ствари, трудна сам."

Запрепастила сам се. "И кад треба да се породиш? Јеси ли сигурна?"

"Била сам јуче код лекара. Тако је рекао."

"Ко је отац, Отохико?"

"Нисам сасвим сигурна. Претпостављам."

"Приличан проблем", изрекла сам глупост миленијума.

"Изгледа. Треба ли да одем на побачај?", питала је узнемирена.

"А шта друго?"

"Не знам." Суи је накривила главу и заћутала. И ја сам ћутала. Кад сам се коначно окренула да јој нешто кажем, очи су јој биле затворене. Као да је ослушкивала ветрове неког другог света. Који би то свет могао да буде, питала сам се с тугом.

Изблиза сам посматрала њену кожу благо посуту пегама, и ружичасте капке. Као да кроз лупу испитујем неку слику, а не живо биће. По први пут сам тако пажљиво проучавала њено лице. Чини ми се да је до тог тренутка и нисам честито погледала јер су очи увек одвлачиле пажњу. Или можда зато што би се сва сто-пила у боју и светлост тих очију. Сада је, међутим, њено тело одисало бојом пораза, оним необичним траговима кроткости који човека обузму кад је исцрпљен наметнутим притисцима.

Изненада, Суи је отворила очи, мало растворила усне и почела да говори. Лице јој је било сабрано.

"Знам да није лепо, али жудим да још једном видим Оца."

"Оца?"

"Да, оног мушкарца који се игра с бебом и грли је, који се рано враћа с посла да би видео-камером снимио своје дете, оног човека који ће можда да се наљути на жену кад се беба рано ујутро пробуди с плачем, а који никад неће бити љут на бебу. Мораш да схватиш да уопште немам поверења у себе и нисам сигурна да сам способна да будем мајка."

"Волела би да Отохико буде такав?"

"Не, не он. Било који отац спреман да буде присутан док му дете расте. Нисам сигурна да желим да се Отохико тако понаша. У ствари, можда желим, и само се правим да не желим."

Јецала сам. Без суза у очима и плачног лика, само ми је нешто чупало срце из груди. Било би дрско од мене да заплачем.

"Нешто ипак можеш да учиниш за мене", рекла је с осмехом. "Да ме отпратиш у болницу?"

"Наравно. Знаш шта, треба о свему да поразговараш с Отохиком кад се врати кући..." Прснула сам у смех, "са логоровања."

И Суи се смејала. "Аха, чим се врати с логоровања." Та реч — логоровање — била је тако изван његовог животног контекста, с обзиром на године и укупну ситуацију. Знала сам да ћу увек кад чујем ту реч мислити на Суи, на овај дан, и да ћу се смејати.

"Данас ионако ништа не можемо да урадимо, боље да нешто презалогајимо", рекла је.

"Одлична идеја. Да изађемо?" одговорила сам. "Можда ниси расположена. Да ти нешто спремим овде?"

"Скувала сам супу; има и хлеба. Је ли ти довољно?" Рекла је то с невероватно љупким изразом лица. Као да она осећа сажаљење према мени. У њеним очима прочитала сам управо то. Биле су препуне сажаљења.

"Да једем оно што си ти скувала?" исплазила сам језик глумећи гнушање.

"Отровно је." Суи се смејала.

"Онда не марим."

Убрзо ми је Суи донела чинију густе говеђе чорбе, комад тамног, препеченог ражаног хлеба и салату од краставца.

"Изгледа сјајно."

"Надам се да ће ти се допасти", с поносом је рекла Суи.

"А ти, ти нећеш?"

Направила је гримасу, "Не једе ми се. Јеси ли малочас рекла моје име?"

"Молим?"

"Јеси ли ме позвала по имену — Суи?"

"Јесам."

"Кад га ти изговориш, као да нешто веома лепо стоји иза тог имена."

Храна је била укусна. Премазала сам хлеб бутером и прождрљиво гутала. Суи је седела пијуцкајући пиво и гледала телевизију. Онда сам приметила да нешто није у реду. Соба је била претерано тиха. Небо се није до краја смрачило. Телевизор је имао танак и хладан звук. Осећај простора, ток времена, зидови и под, и све око мене утихнуло је. Никад ми Суи није изгледала тако мала.

Н. П.

Како да знам да ли се шалила кад је рекла да је храна отрована?

Сећам се како ми пролази кроз главу да ме грубо вуче преко пода. Тело ми је било тешко. Нисам била у стању ни да се покрећем, ни да говорим. Што сам се више трудила да отворим очи, оне су се све чвршће затварале. Очајнички сам покушавала да сазнам шта ми се догађа.

Као из даљине допирао је Суин глас и смех. "Извини."

Сећам се и њених руку чврсто стегнутих око мојих чланака. Њене су шаке носиле поруку која је била противречна нежном смеху који је допирао с усана. Имала сам осећај боја, не речи, као и у детињству, кад сам остала без гласа. Моћна боја, дубока, тамнољубичаста струјала ми је кроз ноге. Осећала сам као да ће ми их њен стисак скршити. Наслутила сам да тражи помоћ.

Осетила сам да жели да умре. Била је исцрпљена више него што јој се с лица могло прочитати, као и код Шођија. Схватила сам шта се догађа и покушала да јој кажем да не умре. Али, као и оног зимског дана у мом детињству, речи нису хтеле да изађу из мојих уста. Само се неки необичан звук цедио из грла.

"Умрети."

"Мислиш да желим да умрем? Зашто?" рекла је Суи и пустила ми стопала. Осећај је и даље био веома јак, иако их више није додиривала.

Јесам ли рођена само зато да бих била сад, овде, с њом?

Готово је с Отохиком. Завршено. Толико је трајало.

Суино срце и душа подсећали су на збркани, хаотични мозаик, и милиони комадића били су усмерени само на једну реч — смрт. Без речи, огромном брзином хрлила јој је у сусрет.

Покушала сам да је зауставим, избацујући речи као метке: "Само се шалиш. Тако смо се лудо провеле овог лета, смејале се, плакале, све смо заборавиле. И ја ћу тебе заборавити ако умреш. А то не би волела?"

То је срце желело да јој пренесе, а тело ми је било као комад олова и речи које су из уста излазиле нису уопште имале смисла. "Не ... ово... умрети..."

Суи је изненада устала. Спустила је поглед према мени и отишла ка вратима. Тог часа сам знала. Проболо ми је срце неопозиво, кристално јасно, сјајно као муња. Знала сам да је више никад нећу видети.

Личи на љиљан, помислила сам док је одлазила. Жао ми је било што јој то никад нисам рекла.

У том истом тренутку окренула се и рекла, "Шта? Љиљан? Јеси ли рекла 'љиљан'?"

Не знам како, али успела сам да седнем. Осећала сам бол, као да ми је тело било залепљено за под, као да сам морала да га одлепим. Једва при свести. Чак сам имала утисак да је само моје унутрашње ја село, као да ми је душа напустила тело (мада то ипак не бих препознала). Очи су ми биле затворене. Само сам осећала да стоји тамо и гледа у мене.

"Опа, као из *Фаталне привлачности*!" Суи је рекла. "Како си само успела да се подигнеш?"

Сад знам да сам се подигла само зато што ми отров није продро у цео систем. Иначе сам отпорна на неке лекове. Оно што ме је покретало, било је сасвим друге врсте: Очај; питања која су у мени од детињства; све оне мисли и осећања која су нахрупила после Шођијеве смрти; слика Суи која ми је у свести откако сам је упознала; моја осећања према њој; насмејана лица Отохика и Саки; жал за летом које пролази. Туга над животом, осећање добро познато Суи. Онај заслепљујући блесак сунца кад сам је први пут видела; светлуцава површина рибњака. Њене руке, њене шаке које држе моје. Звук њене косе док лепрша на ветру. Лето, блиставе боје око ње, правац којим је њен живот кренуо. Туга.

"Каква штета."

Чини ми се да сам довољно јасно рекла и да је чула. Можда и није било разговетно. Свеједно, схватила је. Видела сам на њеном лицу, у великим очима, да је снага из моје свести прешла у њу.

"Мислиш да би било штета?" рекла је вративши се до мене. Осетила сам њене руке око тела и њене усне на мојим. Љубила ме је снажно, али не дуго. Свест ми се мутила, сваког тренутка се све више губила, али се сећам да ми је прошло кроз главу да никад пре тога нисам тако пољубила ниједну жену. Као да ми је прочитала мисао, Суи се насмешила и рекла: "Е, сад сам стварно освојила прву награду."

Онесвестила сам се.

20.

Неко ме снажно протресао и пробудила сам се. Глава ми је одзвањала од бола толико особеног да сам мислила да сам рањена. Тај оштар бол сасвим ме је поништавао. Уста су ми била испуцала и сува.

"Шта се, дођавола, догодило?" упитала сам.

"Шта си попила?" Био је то Отохиков глас. Учинило ми се да се спрема да ме води у болницу. Затресла сам главом да му дам на знање да не треба, од тог покрета бол се појачао. Јаукнула сам.

"Боли ме глава."

"Хоћеш воде?"

Климнула сам. Док сам халапљиво гутала млаку течност, приметила сам да нисам у свом стану. Онда ми се све вратило.

"Где је Суи?"

"Нестала је," одговорио је Отохико. Помислила сам да ће заплакати.

"Знам да је отишла. Како се уопште то догодило?"

Успела сам да седнем. Наоколо, све је било као и раније: корпа с вешом на трему, моје панталоне сушиле су се на конопцу, чинија из које сам јела, отворен прозор. Све је било исто, само Суи није било. Осећала сам се јадно и изгубљено; нисам могла ни да плачем. При сваком, и најслабијем покрету главе, бол би као муња, цик-цак путањом прострујао и цело тело би задрхтало.

"Колико је сати?"

"Два, ујутро."

"Дошла сам предвече. Суи је била исцрпљена. Каже да је трудна. Јеси ли знао?" упитала сам.

"Рекла ми је да сумња на то." Онда су му речи потекле из уста. "Рекла је да неће да задржи дете. Требало је озбиљно да попричамо кад се вратим с пута. Знала је да ће се наша веза распасти код првог крупног догађаја, као што је овај, пошто ионако није било како ваља. Обоје смо били свесни тога. Био сам спреман да останемо заједно кад би хтела да роди. Међутим, мислим да не жели дете. Наш последњи разговор личио је на опроштај."

"И онда си ти отишао на логоровање?" Глава ме је толико болела да више нисам могла да се насмејем.

"Да. Хтео сам да одем у природу."

"Је ли! Зар се нисте чували?"

"Ма, јесмо. Суи је користила пилулу."

"Или је намерно престала да је узима, или је напросто заборавила..."

"Мислим да уопште није знала шта ради. Не мислећи на последице настојала је да заборави на пилулу," рекао је Отохико. Шаке стиснуте у песнице држао је у крилу.

Ноћ је, иначе, била необично тиха. Ваздух је био пуст као гроб. Била је ово тужна олупина једног сломљеног сна.

"Молим те, додај ми мало воде. Глава ме убија." Намрштила сам се од бола. Отохико је узео чашу и рекао: "Зашто те, дођавола, тровала? Зашто? Грозно!"

Био је бесан и утучен, исцрпљен стално истим стварима.

Одговорила сам: "Хтела је, у ствари, да убије себе."

"Значи, и ти си на то помислила? Имао сам страшно предосећање да је решила да умре; зато сам се вратио раније. Онда сам стигао овамо и установио да је отишла! Већ сам био спреман да предложим да заједно умремо. У суштини, већ дуже време о томе размишљамо. Сигурно звучи смешно кад се слуша са стране, били смо опседнути том идејом ко зна од када. Сад више није важно. Не могу да разумем зашто је то теби урадила. Тебе је највише волела."

Био је искрено збуњен, а мени је све било јасно. Суи је заиста желела да умре, и знала је да то мора да обави пре него што се Отохико врати кући. А, желела је и мене да види још једанпут, и плашила се да ћу наслутити шта смера. Позвала ме је, и кад ме је угледала, обузео је страх и више није знала шта да уради. Можда је размишљала и мене да убије, па се предомислила. Само ме је онесвестила.

"Спречила сам је. Најсрчаније. Све сам учинила да је спречим", рекла сам.

"Надам се да је одустала", Отохиков глас је дрхтао.

"Не знам. Жао ми је."

"Још имам наде. Нема њених кола, понела је своју банковну књижицу, нешто ствари..."

"Стварно?"

Нисам била у стању да размишљам правилно. Приметила сам да на себи још имам сукњу коју ми је позајмила, била је скроз изгужвана јер сам у њој спавала. Прошло је доста времена откако је отишла, а осећала сам да је неко и даље присутан. Суи више није била у соби, али је нешто вребало из углова полице за књиге, иза лелујавих завеса, испод столова. Оне сићушне, тамне мрље мало су измакле збиљи.

"Можда заиста постоји нека клетва, као што је Суи рекла?" усудила сам се да кажем.

Онда је почела да пада киша. Чула сам слаби, тамни звук кроз отворен прозор. Сета која иначе прати ноћ увукла се и испунила собу. Хладно посматра нас, који се, увучени у тела, боримо да савладамо дан. Та сенка смрти. Осећање немоћи које ти се прикраде кад ниси опрезан, пустош која ће те прождрети ако ти попусти пажња.

"Да ли је заиста била присутна, не знам, знам само да се нешто осећало у ваздуху. Кад смо били заједно, увек сам имао утисак да трачимо време, без обзира шта радили. Без рубова, живот се разливао, све је било немарно и нестварно — али не покварено, ни лоше. И нисам веровао да ћемо успети само зато што се волимо. Нисмо могли ни да се опустимо нити да уживамо. Све је било некако другачије."

"Као ова соба сада?"

"Да. Просто си непокретан, скамењен. А међу нама је било толико нечег доброг, лепог, попут цветне ливаде. Зато смо и били заједно. Обоје смо унели понешто позитивно у ту везу."

"Видела сам."

"Баш озбиљно пада."

"Да, прави пљусак. И захладнело је."

У собу се ушуњала клонулост ноћи. Киша је тукла тужним, самотним ритмом. Кроз обливена окна уличне светиљке постале су хладноплаве а соба још црња. Знала сам да не смемо дуже да се задржимо. Било ми је тешко да се покренем, али сам осећала да ћемо упасти у неку невољу ако останемо. Груди ми је испунио дах усамљености. То није добро.

"Одвешћу се кући таксијем. Молим те, позови ми га."

"Добро. Чини ми се као да стојим на дасци и да ме огромни таласи стално обарају. Сав сам сломљен. Веома чудан осећај."

"Хајдемо одавде. Морамо отићи", рекла сам на ивици суза. Била сам јадна и нешто тамно стално ме је притискало, толико јако да сам губила жељу за животом.

"Хајдемо", поновила сам.

Отохико је стајао и ћутао.

Пре него што сам ушла у такси, упитала сам га: "Хоћеш ли се вратити у стан?"

"Не, нећу."

Лакнуло ми је. Нисам могла да га оставим тамо тако самог.

"Идем да погледам да није у кафеу где ради, или тамо где обично сврaћа."

"Хоћеш да ти помогнем?"

"Ниси ти у стању ништа да урадиш. Можда сутра, кад се мало опоравиш. Јавићу се."

Затворио је врата. Махнула сам и посматрала га како се губи у даљини. Гледала сам све док није нестао, иза обзорја, у тами, све док га киша није прогутала.

21.

Нисам знала где је Суи. Ни она ни Отохико нису се јављали. Неколико пута сањала сам да је умрла. Сваки пут после тог сна пренула бих се обливена знојем. Онда више не бих могла да заспим, устала бих и читала новине, од прве до последње стране. У страху сам пратила вести на телевизији. Ништа нисам чула.

На моје велико запрепашћење, Суи је почела да бледи већ после три, четири дана. Изненадило ме колико је наш однос био плитак, како сам успела да се одвојим и од ње и од других, па и од онога што сам према њима осећала. Ослободила сам се окова који су ме стезали.

Као да се цело лето одвијало у сну. Сан није био неугодан, напротив пријатан као дан детињства. У том сам сну постигла све, без остатка. Зато сам одлучила да кренем напред, да се више не бавим тиме. И онако би ме свако сећање узнемирило.

Петог дана, јавила се Саки. Спавала сам кад је зазвонило. Известила сам се да брзо дижем слушалицу.

"Хало!"

"Здраво. Ја сам, Саки."

"Добро јутро."

"Молим? Прошло је подне. Слушај, кладим се да не можеш да погодиш где сам — на аеродрому!" рекла је узбуђена. Чула сам оне особене звуке који се срећу само на аеродромима, сву ону трку и збрку и напетост од којих срце почне да прескаче.

"Куд си кренула?"

"До пријатеља у Њујорк. Треба да купим гомилу књига за рад који пишем."

"А што тако нагло?"

"Откако је Суи нестала, Отохико се стално развлачи по кући. Нисам више могла да издржим, и решила сам да отпутујем."

"Велика сестра се не понаша тако према малом брату."

"Онда се ти брини о њему." Саки се смејала. "Знаш, чини ми се да је завршено једно раздобље нашег живота. Не само због тога што је Суи нестала — није баш тако једноставно. Нешто је заиста завршено. Више немамо шта да кријемо, и ја то примам пре као олакшање него као губитак. Ето разлога за прославу, за разоноду, је ли тако? То би скоро свака Japanka урадила. Зато сам решила да отпутујем, да обиђем неке градове и пријатеље. Не могу да ти објасним како треба, али ето, имам жељу да тако проведем време. И знаш шта, нешто ми говори да је Суи жива. Живеће чим није с Отохиком."

"Нисам сигурна."

"Ја јесам. Немам утисак да је мртва. Чуј, Казами, хвала ти на свему. Спасла си ме."

"Надам се да ускоро враћаш?"

Као да смо се заувек опраштале.

"Наравно, чим се заврши распуст. Опет ћемо се виђати на факултету кад се вратим."

Била је загонетка, а тог лета постала ми је пријатељ. Била је тако слатка, смирена и одважна. Увек ми је била драга.

"Важи, Видећемо се на јесен."

"Ћао."

"Чувај се."

Чула сам кад је спустила слушалицу и аеродромска слика нестала ми је из свести. Можда се никад више неће вратити. Можда сам постала параноична? Видећу је опет на јесен. Саки није као она. Да, није. Од те помисли поново сам се загушила.

* * *

Драга Казами,

Како си? Сад је већ четврти месец трудноће. Не брини, нашла сам човека који је вољан да буде отац мом детету и жели да се удам за њеѓа. Као да ми ѓа је добра вила йослала.

Хѣела сам да ѣи јавим шѣа ми се дешава. Моѓла сам да бирам:

1. Да одем на йобачај и останем с Оѣохиком,
2. Да одем на йобачај и найусѣим Оѣохика,
3. Да одем на йобачај и удам се човека који ме жели,
4. Да задржим деѣе и удам се за ѣоѓ човека,
5. Да се убијем,
6. Да се Оѣохико и ја заједно убијемо из љубави.

Није било моѓуће да задржим деѣе и останем с Оѣохиком. Болело ме је ѣо сазнање. У сушѣини, ѣолико ме је вређало да сам скоро сишла с ума. Осећала сам најдубљи очај. Да сам йриљежније йраѣила даѣи сценарио своѓ живоѣа, можда сам моѓла и ѣо да урадим.

Чекала сам менсѣруацију, и кад нисам добила, била сам сиѓурна да сам ѣрудна. Онда сам се окренула себи, и йочела да живим сама. С мало новца и мало снаѓе, ѣребало је да се суочим са сѣварношћу.

Сасвим сам сиѓурна да мој зацрѣани живоѣ ѣражи моју смрѣ. Мајка је йодлеѓла очају, а мени је смрѣ изѓледала боља од очаја — у ѣом случају човек бар не мора да ѓаји наде.

Већ одавно желим да умрем. Од свеѓ срца сам ѣо желела. Вероваѣно ѣи је смешно шѣо нисам моѓла да се одлучим између брака, љубави и смрѣи. Мени је све ѣо исѣо.

Кад сам била мала озбиљно сам мислила да ћу сасвим сиѓурно умреѣи млада. То убеђење била је моја зла коб. Не знам како је друѓима, али йреѣйосѣављам да у сваком човеку вреба нешѣо слично. Украѣко, свако од нас има свој лични йакао. Мислим да је оѣац о ѣоме йисао у својој књизи

— о том типу који је спреман да води љубав с вршњаки њом своје ћерке, само ако налети на неку лепу младу Јапанку која се мучи по иностранству. Онда се испостави да је та девојка заиста његова ћерка. Узми Отохика — песими ста чак и кад је заљубљен, па Шоџи, који уопште није га јио никакву наду, иако је поред себе имао љупку средњо школку која га је обожавала.

Наравно, није све тако једноставно. Није ствар само у добру и злу. Такве особености имају дубоке корене уну тар личности; некад се јаве као даровитост, некад као душевна мана. Потпит крви круже ти телом и граде тво ју личност. Да није тако, Отохико и ја бисмо и даље били у прелепом Бостону. Венчали бисмо се у некој љупкој цркви ци и живели као муж и жена. Међутим, то је само не остварена прича. Делом зато што смо брат и сестра, делом зато што смо одлучили да се растанемо, што се дешава многим паровима који дуже време заједно иду истим путем.

Жао ми је што говорим о личним проблемима. Учи нило ми се да би волела да знаш и да ћеш разумети. Ото хику сам послала кратко писмо (тако је боље опрости ти се од љубавника).

Било како било, по свему је смрт била најбоље решење, па сам тако и одлучила. Нисам више била сигурна да сам способна да живим. Изнутра ме је гушило. Села сам и по писала шта ми све стоји на располагању, онда пажљиво размислила о свакој могућности појединачно. Као да сам сама преокренула сопствену судбину.

То сам изабрала. Онда ми је понестало снаге да спро ведем своју одлуку. Зато сам те звала, али више нисам имала снаге да о томе причамо. Пало ми је на памет да се нас две, заједно убијемо. Осећала сам се сама и напуштена.

Н. П.

Помислила сам — можда нећу бити тако усамљена ако умрем поред тебе. Хтела само да те омамим. Знала сам да те неће убити, али онда није преостало довољно за мене. Знала сам да од једног пријатеља могу још да добијем; кренула сам по то док си спавала. Журило ми се да умрем. Тог тренутка си устала као зомби и то ме потпуно растурило. Очи су ти биле полуотворене, а глас као у дивљака. Уплашила си ме, али и дирнула. Знам да звучи глупо — стварно сам била дирнута. Изашла сам из стана и остала пред вратима плачући. Онда сам се вратила. Чврсто си спавала. Лице ти је било спокојно, као посмртна маска. Покупила сам неколико ствари, пожелела ти лаку ноћ и заувек отишла из те собе. Не брини. Кирија је плаћена.

Ускоро ћу бити његова законита жена. Долазио је у кафе у којем сам радила. Има нешто уштеђевине, веома је добар. Не причам ово да бих сачувала образ. Старији је од мене. У суштини, такви ми се више допадају него Отохико.

Родићу дете. Мој будући муж има исту крвну групу као и Отохико, и нико не мора ништа да зна. Гадне су ове јутарње мучнине, али мање боле него кад ме је мама тукла. Не бих волела да беба има три ока, једну ногу, шест прстију или нешто још горе. Али, снаћи ћу се и с тим. Срамота ме што ово пишем; стрепим да плод није поремећен.

Много пута сам размишљала о теби откако смо се упознале. Дођеш ми као неки старатељ, што ме јако боли ... Све док се нисмо среле живела сам у свету који сам створила у својим сновима. Онда си у њега грунула ти, као гром. Сети се оног дана кад смо се среле и отишле у подне у парк. Сладолед на штапићу, који си ми купила, *брзо се топио. Као кад сам била мала и правила урнебес у туђој кући — пред очима би ми као муња пролетео мај-чин лик. Као кад имам састанак с неким ко ми се не допада, нешто ме подсети на момка које волим и одмах се снуж-дим.*

Увек ми је било лепо с тобом. Имаш диван живот и блиставу будућност. Понекад бих те посматрала, твоје недостатке, твоју бистрину, како си трапава, лупка, снуждена, пратила бих твоје покрете, и осетила да бих чак и себе, а и друге, могла мало више да волим. Тада сам први пут прихватила свет око себе онакав какав јесте. Био је то прави шок.

Није у питању само твој изглед, ни наши заједнички тренуци. Почела сам твоје боје да примећујем на многим стварима око себе, и учинило ми се да можда постоји излаз. Видела бих те боје у сунцу и на путу, у колима, на успутном цвећу, на прозорима.

А сада ме на тебе највише подсећа поштанско сандуче. Има их на сваком кораку, сем кад ти је потребно. И наћи ћеш га на најнеочекиванијем месту, на неком усам-љеном углу. Кад је ведро, и кад киша пада, ујутро и увече, свуда у свету, као што се месец огледа у сваком језеру, по-току и океану.

Није ми било лако да одем оне кишне ноћи. Осећала сам се као продано ждребе које мора да се одвоји од мајке. Жудела сам за летом, да опет видим и тебе и Отохика. Успут, док сам возила, стално сам мислила на поштан-ске сандучиће, да бих се спасла од понора. Била сам сасвим усредсређена на ту мисао.

Једина нит која ме и даље везује за тебе и Отохика сада је пошта. (Не волим да телефонирам, јер тако не могу да кажем све што желим. Осим тога, мислим да би ми

*било страшно сваки пут кад се веза прекине.) Поштан-
ски сандучићи су знамен наше везе, и ево, пишем ти писмо
које ћу убацити у поштанско сандуче.*

*Бићу добра мајка Отохиковом детету. Трудићу се
свим снагама. Ако све буде у реду, можда ћу доживети дан
да је одведем у обданиште, да будем на прослави њеног пу-
нолетства. Волела бих да буде девојчица. Саки ће наста-
вити са својим истраживањем. Отохико ће коначно по-
вратити разум.*

*Кад год видим поштанско сандуче мислићу на тебе.
Живот тече даље. Нас две се нећемо више срести. Води
рачуна о себи. Волела бих да те опет видим.*

Суи

22.

Био је почетак септембра. Заспала сам у зору, јер сам
целе ноћи радила на једном хитном преводу. Кад сам се
пробудила, подне је већ било прошло. Пила ми се кока-
-кола, па сам сишла до аутомата. Онда сам прошетала.
Кад сам се вратила кући, после дуго времена провирила
сам у поштански сандучић и видела њено писмо. Узела
сам пиво, склупчала се на кревету и прочитала га. Лепо
писмо.

Пошто сам га завршила, затворила сам очи и легла,
држећи писмо у рукама. Сунце које се пробијало кроз
завесе, иза спуштених капака имало је црвену боју. Као
да сам на плажи, кад ми топао поветарац дува преко
лица док слушам удар таласа о обалу. Приспавало ми се
поново. Вратио ми се мој лични делић лета.

Пробудила сам се увече, сунце је сијало као јарко злато. Боја неба на смирају иста је као у зору, али, за разлику од јутра, небо постаје све тамније и тамније.

Ослобођена напетости која се скупљала у мени, осетила сам празнину. Пријатну празнину. Схватила сам да треба нешто да предузмем. Неодложно. Одлучила сам да отпутујем; не тако далеко као Саки. Више не треба да ишчекујем ни зле слутње, ни Суине изненадне посете. Целог лета сам желела да одем на море.

Остатак дана провела сам у брижљивом паковању. Прво сам мислила да малу дрвену кутију негде сакријем, а онда сам је ипак ставила у кофер. Да је Суи умрла, остала би ми црна штрикана сукња као успомена на њу. Могла сам да постанем колекционар успомена, али ме природа поштедела тога. Сетила сам се да моје беле панталоне и даље висе на њеном трему. Тужан и необичан осећај. Кроз неколико месеци, и њих ће спаковати с осталим Суиним стварима.

Кад сам ставила комадић Шоџијеве кости у торбу, чуло се како удара о зидове кутије. Тај звук одјекнуо ми је у ушима попут ритма таласа. Сетила сам се како бих угнездила главу под његово раме кад смо излазили колима у шетњу. Нашла бих право место да ослоним главу, а да њему не сметам док вози. У свести ми није остао његов лик, већ његово раме и шаке на волану. Оно што је остало од њега сад може да се смести у моју торбу, предмет који је некад био жив човек. Било ми је драго што Суи није умрла.

23.

Истуширала сам се и изашла из куће пре него што ми се коса осушила. Касно послеподневно сунце, препуно мириса вечери, поливало је улицу својом бистром светлошћу. Испред кућа, с обе стране пута, дрвеће је бацало бледе сенке на плочник.

Изненада сам се сетила свог првог одласка у Сакин стан. Као да је било давно, давно док је живот био сасвим спокојан. Онда ми је пало на памет да би требало да видим Отохика, пре него што одем из града. Било ми га је жао — сам самцит у оној кући. Вероватно је и он добио писмо од Суи. Његово је сигурно било непосредније, без околишања. У журби да што пре стигнем до мора, заборавила сам на њега. Било би добро да сам понела и њено писмо, помислила сам, онда ми је постало јасно да због ње не би требало ником да га показујем.

Коначно сам стигла. Зазвонила сам и Отохико је одмах одговорио.

"Здраво."

"Хајде, уђи."

Кад сам му угледала лице, одједном ме преплавила топлина и срећа. Питам се да ли се тако осећају мушкарци кад сретну старе ратне другове. Следећег часа срце ми је испунило задовољство што смо заједно нешто постигли иако се тако мало знамо, а потом горчина што смо нешто заувек изгубили. Дан је био тако напет, а ја тужна што се лето завршава, као да ми је опет осамнаест година. Климнула сам и ушла.

"Саки није овде. Отпутовала је", рекао је и насуо ми шољу кафе.

"Знам. Јавила се."

Приметила сам да је Сакин део стана празан. Поново ме је обузела нелагода.

"Писала ми је Суи. А теби?"

Потврдила сам.

"Драго ми је да је жива. Озбиљно!" рекао је оборена погледа.

"И мени је драго."

Колико ли је њему испричала? Нисам смела да питам. Можда га је слагала; можда није. У сваком случају, сама је одлучила и ништа се више није могло учинити, осим, можда, да покуша да је пронађе и обнови везу. Онда би неко сасвим сигурно био мртав. Осећала сам да је његова одлука управо супротна и зато је тако смркнут.

Млаки поветарац дувао је кроз отворена врата, и мешао се с хладним ваздухом из расхладног уређаја.

"Шта ће ти та велика торба?" упитао је туробно.

"Идем на један краћи пут."

"Et tu, Brutus. Куда идеш? Сама?"

Из неког разлога осећала сам се кривом.

"Да."

"Колико остајеш?"

"Још не знам."

"Ја ћу да возим. Одвешћу те куда год желиш. Пусти ме."

Мргодно сам га погледала. Објаснио је: "Одједном сам постао љубоморан. Бићу пристојан, часна реч — нисам толико уморан. Само да не будем више овде, схваташ?

Волео бих да будем с људима. Знаш и сама да је лепше путовати у друштву."

Размишљала сам. Хтела сам да му кажем да отпутује сам, али нисам могла. Овакав предлог био је типичан за њега!

"Добро, али само на један дан. Сутра се раздвајамо и свако наставља својим путем", рекла сам.

"Слажем се. После ћу да одем до Јокохаме, до једног пријатеља."

"Све се уклапа — и ја сам хтела у том правцу."

"Треба ми разлог да одем одавде. Било је наизглед тако компликовано... све док нисам схватио да могу с тобом... Хвала."

Насмешио се. Први пут откако сам стигла.

Изашла сам и изнајмила кола док се паковао.

"Могли бисмо да купимо нешто за јело, да вечерамо на обали."

"Одлично. Онда ћемо и ватру да запалимо."

Одавно нисам била тако срећна.

Изашли смо на аутопут и упутили се ка мору. Све сам упијала — подрхтавање ваздуха, звук звона које нас је опомињало да пребрзо возимо, зграде које су се губиле у даљини, и високо ведро небо. Уз бледи полумесец блистала је Северњача. Све што је испарило, постојало је и даље на том сутонском небу које се полако мењало у ноћ, изнад овог копна све до океана. Понекад се то дешава: сва лепота доживљеног — и површног и дубоког — испунила ми је срце и оно се из дубине моје душе преместило високо у небо, тај неизмерни свод који се окретао изнад нас. Постало је део призора преда мном.

* * *

"Питам се да ли ће се икад вратити", рекао је Отохико. "Не верујем."

"Чудно се осећам због тога. Као да ми је тело олакшало. Као да ћу сам себе да изгубим."

"Кад сте се упознали?"

"Пре шест година, можда и више. Стварно ми је потребан одмор после толико времена. Не могу ни да се сетим шта смо радили све то време", рекао је погледа упртог у пут.

"Јеси ли је тражио?"

"Сваког дана, као детектив. У последње време скоро уопште не спавам. Толико ме је погодило њено писмо да сам плакао."

"Мислио си да је мртва?"

"Био сам очајан, толико потиштен да сам себе скоро убедио да се убила. Преко дана сам је тражио наоколо, а ноћу дежурао у њеном стану. Сваког сата проверавао сам телефонску секретарицу код куће."

"Стварно?"

"Да. По писму бих рекао да је добро. Иако, мора да је и њој тешко. Радује ме да је издржала. Изабрала је најбољи пут."

"Волим што то чујем", рекла сам.

"Да ниси свратила, ко зна, можда бих се ноћас убио. Ма, не, озбиљно, само ме је писмо поразило."

У магновењу сам помислила да би можда то стварно урадио.

"Одавно нисам правио логорску ватру на обали", рекао је Отохико скупљајући дрва. Распаковали смо све што смо купили у радњи — петарде, вино, печено пиле. Ноћ је била тако тамна да се губио у помрчини чим би се удаљио неколико корака. Гледала сам таласе и уживала у морском ваздуху који ме запљускивао. Имала сам утисак да ће ме то огромно пространство мора прогутати. Таласи су ударали о обалу, а месец и Северњача и даље су били на небу.

"Кладим се да си био у скаутима."

"Откуд знаш?"

Уредно и правилно слагао је дрва за ватру.

"Не знам. Рекла бих да си такав тип."

"Е, па, сад, био сам ја до сада много пута на морској обали."

"Кад?"

Отохико би се обично љутио кад треба нешто да објасни; изгледа да га је овај излет сасвим опустио. Успут је још био суморан. Нисмо разговарали, али сам осећала да су га осећања преплавила. Разумела сам колико је повређен, а нисам могла да му помогнем и олакшам му терет времена. Пред очи ми је изненада искрсла слика како одлази у сумрак да тражи Суи. Колико ли су дубоки ожиљци које су оставили ти небројени дани које је провео уверен да ће заувек морати тако да живи. Сад је био беспослен.

"Убрзо после очеве смрти, мајка се разболела. Отишли смо на море да се опорави. Често смо ложили ватру и палили петарде. Упознали смо много људи тада. Од њих сам научио како се то ради."

"Је ли ти било лепо?"

"Не сећам се. Из неког разлога тај живот крај мора није ми био довољно стваран."

"Зар не треба ватра да буде већа и јача од ове?"

Коначно нам је пошло за руком да потпалимо дрво, али је ватра и даље била слаба. Губила је битку с моћном помрчином.

"Још мало. Буди стрпљива."

Слабашна светлост ватре обасјавала му је лице. Сетила сам се разговора с мајком о томе како можеш нечему потпуно да се предаш. Отохико је седео на песку, бацајући једну по једну гранчицу на пламен. Да ли је на то мислила?

"Хоћеш ли вина?"

Као и оне ноћи са Суи, усула сам вино; овога пута у пластичну чашу.

Отпио је гутљај а онда рекао: "Добро вино. Ноћас би могло да буде веома хладно."

"Јесен је."

"Да, зато смо прво запалили ватру и заборавили на ватромет."

"Оставимо петарде за касније."

"Шта мислиш, може ли пиле да се подгреје на ватри?"

"Могло би на овим жицама."

"Добро си се сетила."

"После ћемо бисквит да увијемо у фолију и да га ставимо мало на ватру."

"На све мислиш."

"Колико знам, ти си стручњак за природу. Где су ти порције?"

Помало ми је зујало у глави од вина. Стално сам се питала откуд ја, сасвим неочекивано, с њим на мору. У ствари, навикла сам да ми се сличне ствари догађају.

Н. П.

Само су бурни таласи новост. Беле кресте на валовима, оштар мирис слане воде, груби шљунак, тихи дах обзорја у даљини, трепераве светлости града, фарови који плове као сателити на небу док кола споро пролазе обалом.

Тама се спуштала, и ватра је постајала све светлија. Варнице су летеле по обали, осветљавајући бели шљунак. Ватра није хучала, само пуцкетала, али довољно гласно да покрије звук таласа и отера помрчину.

"Много волим да посматрам ватру."

"И ја."

Морска површина се цаклила, као велика црна сатенска завеса благо заталасана на позорници. Извадила сам дрвену кутијицу из торбе и бацила је у ватру. Ухватила је пламен и распламсала се. Плашила сам се да не пусти неки пријатан мирис, али се ништа није осетила на морском ваздуху. Много боље од крематоријума, убедила сам себе.

"Изгледаш озбиљно и свечано."

Упитала сам га да ли зна шта сам управо бацила у ватру.

"Комадић кости?" рекао је не гледајући ме. Окренула сам се према ватри и стисла дланове.

"Све знаш, је ли тако?"

"Све ми је причала, и стравичне и обичне ствари. Тако ето знам. А није ми све написала."

"Стварно?"

Оставила га је. Раскинули су. Како год било више нису били заједно. Готово. Завршено. Оно што су једно другом у срцу обећали, одјекивало је као таласи који се непрестано разбијају о обалу.

"Неугодно ми је да признам, и ја сам нешто донео."

Из торбе је извукао смотуљак пелира.

"Шта је то?, Очева деведесет девета прича."

Цепао је страницу по страницу и бацао их у ватру. Сваки лист папира изводио је свој плес над пламеном, пре него што би се претворио у црни пепео.

"Је ли ти то отац дао?"

"Да. Послао ми је непосредно пре смрти. Показао сам је мами и она је рекла да је задржим."

"А шта је онда Суи имала?"

"Оно што је послала Саки? Исто то, само написано њеном руком. Вероватно је преписала док је спавао."

"Није ваљда!"

Сетила сам се свега кроза шта је Суи пролазила тога дана.

"Зар ти никад нисам рекао?"

"Значи, ти Суи никад ниси рекао да је оригинал код тебе?"

"Како да јој кажем?"

"А Саки?"

"Ни њој нисам рекао. Било ми је свеједно ако је добије од Суи. Међутим, нисам хтео да једног дана Суи сазна да још неко има примерак приче, поготово не Саки и ја. То јој је једино остало од Оца."

"Заиста? Све време си знао?"

Замишљала сам Суи, девојчицу, како по мраку преписује очев рукопис. Странице су изгореле у мале шупље кугле, и ветар их је разносио по обали, све до мора.

"Кад већ о томе говоримо, хтео сам да ти испричам нешто о деведесет осмој причи. Онај завршни део, који си толико хвалила, то сам ја написао."

"Молим?"

Седела сам без речи.

"Ту причу оставио је у нашој кући незавршену. Кад сам упознао Суи, пожелела је да прочита причу. Однео сам јој, кришом. Иако је прича у суштини била о Суи, била је незавршена. Помислио сам да ће је погодити ако је нађе у таквом стању. Осим тога, знао сам да већ има деведесет девету.

Суи је знала да јој се мајка више неће вратити, зато је дошла у Јапан код рођака. Нису се слагали. Додао сам тај крај и предао јој причу, а она је онда однела Шођију. Само ту деведесет осму."

Ћутала сам.

"Све је то сада прошлост. Да подгрејемо пиле? Мало је незгодно после оне кошчице."

"И људска бића су телесна."

"Биће да је тако", насмешио се.

"Какво олакшање."

"И за мене."

"Као да сам се ослободио неке сабласти."

"И ја. Осим тога, тако сам срећна овде. Одавно желим да одем до мора", рекла сам грицкајући комад пилетине.

Отохико је извадио бисквит из ватре. "Волим да причам с тобом. Све ми се чини да ме хвата вино."

Отворио је фолију. Дивно је замирисало. "Охо, препекло се."

Отохико се насмејао и додао: "Можда зато што данима ни с ким нисам причао."

"Можда због ватре."

"Можда због овог поветарца."

"Како кажу, море људима отвара и срце и душу."

"Прија ми кад само ћаскамо."

"Шта год да причамо, таласи се непрестано сударају у даљини."

"Имам утисак да ме то ослобађа."

"Слажем се. Вино, истина, није хладно, али има добар укус. "

"Да га ставим у хладњак? "

"Тамо је већ једна боца. "

"Баш ми је драго што сам пошао. Тако ми је лепо. Много ти хвала. "

"Нема на чему. Ионако ми не би пријало да сама све ово радим. "

Грицкала сам бисквит.

"Месец је тако бео. "

"И мали. "

"Мора да је небо пуно звезда, само се не виде од блеска ватре. "

"Вероватно. Можда бисмо могли да видимо и Млечни пут. "

Махнула сам руком према оном делу неба којим је текла огромна река звезда.

"У самој средини има једна бела птица"

"И никог више око нас"

"Да, тако је тихо. "

Окренула сам се према високим хотелима дуж обале овог летовалишта.

"Шта мислиш, могу ли из хотела да виде нашу ватру?"

"Шта мислиш, могу ли из хотела да виде нашу ватру?"

"Где ћемо ноћас да преспавамо?"

"Мора да има места бар у једном од њих?"

"Доста прозора је неосветљено, сигурно има празних соба."

"А можда су људи у њима већ заспали, или су негде изашли."

"Пронаћи ћемо нешто. Радни је дан."

"Допада ми се она соба с избаченим прозором. Лепа архитектура."

"Тако граде летње куће у овом крају."

"Као да уопште нисмо у Јапану."

"Имаш ли пара?"

"Кредитне карте"

"И ја имам неколико."

"Треба да приштедимо, ако ћемо даље на пут."

Насмејао се. Учинило ми се да ће се наше путовање наставити у недоглед.

"Хајде да попијемо по пиће у хотелу."

"Одлична идеја. Чашу топлог сакеа."

Док је ноћ одмицала имала сам осећање да јасно чујем како се таласи омотавају око тишине. Широки, отворени призор преда мном одагнао је сету и свеж ваздух испунио ми је срце. Једна одређена светлост, међутим, и даље је блистала и никад се неће угасити. Све је било спокојно. Бесконачна невина ноћ, као да је крај света.

Такву сам ноћ замишљала на завршетку деведесет осме приче. Тужна, кобна, тиха песма морске сирене. Реп јој покривен крљуштима које нико не сме да дотакне. Тужан лик. Месечина. "Увек ћу волети своју лепотицу."

"И стварно си ти написао део приче?"

"Немој ме на то подсећати."

"Увек сам се питала зашто се стил изненада мења."

"Доста."

"Ко је то био, Саки, Суи?"

"Свако. Обе."

Банана Јошимото

"Никад више нећемо видети Суи. Поштанско сандуче — до сто ђавола."

"Плачеш?"

Заплакала сам. Да нисмо били овде, на обали мора, још би јачи био осећај одсуства. То смо лето провеле заједно да бисмо се растале. Од све троје, само ми је још он преостао. Никад је више нећу видети. Никад ме више неће поподне позвати телефоном.

"Боље да престанеш да плачеш, јер ћу се и ја расплакати."

"Већ сам престала."

"Супер цура", рекао је Отохико. Изгледао је тако изгубљено као да ће му тог часа сузе потећи. "Хоћеш да спавам с тобом?"

"Хеј, то би требало да буде моја реплика."

"Чини ми се да ћу се заљубити у тебе."

"Ћути."

"Размислићу о томе на јесен."

"Добро", рекла сам.

"Да, на јесен."

Погледала сам Отохика. Кроз сузе сам видела небо и море и шљунак и трепераве пламичке ватре. Изненада ми је нахрупило у главу огромном брзином, да ме ошамутило. Све што се догодило било је потресно лепо, толико лепо да откачиш.

ПОГОВОР

Редитељ, Алехандро Ходоровски једном приликом је рекао поводом свог филма *Кршиица* (*El Toro*): "Ако имате велико срце, онда је и *El Toro* велик филм. Ако сте ограничени, *El Toro* је ограничен." Надахнута овим речима створила сам лик Суи у својој књизи Н. П. Односно, неки ће читаоци Суи видети као посрнулу жену, а другима ће она бити налик на бодисатву, биће које се лишава сопственог спасења да би помогла другима да се спасу. Међутим, кад је Суин лик у питању и даље не осећам велико самопоуздање, али се искрено надам да сам превазишла неке недостатке ранијих књига.

Просторно, Н. П. се одиграва у оквиру једног малог света и малог броја личности. Настојала сам да у овој минијатурној васиони покренем што више тема које ме занимају као могући проблеми (лезбијство, љубав у породици, телепатија и емпатија, окултни свет, религија и томе слично).

Осамнаест месеци писала сам Н. П. Били су то месеци пуни изазова и искушења. Сумњала сам у исправност приступа, а онда бих се тешила да је одређена количина самоиспитивања и сумње веома здрава за сваки подухват. Однекуд мораш да почнеш.

Сигурна сам да сте у животу, као и ја, срели људе у невољи. Сви они, и изузетни и сасвим обични, непрестано се боре с неким теретом који им отежава живот. На њих сам мислила док сам писала Н. П. Хтела сам да пренесем своје уверење да и таквим људима треба омогућити да живе како им одговара, да им се нико са стране не меша. Мислим да би свако требало да има право на то.

Хтела бих да изаразим своју дубоку захвалност својим издавачима (Чијаки Накашими и Риоичију Такајанаги из Кадокава Шотен куће), који су стрпљиво чекали да завршим рукопис. Захваљујем и Масајасу Ишихари на подршци. О уметности превођења много сам научила у разговорима с Мизухо Озава, преводиоцем.

Захваљујем и Масуми Хара, једној од најбољих савремених јапанских уметница, на савршеној илустрацији за јапанско издање књиге, као и Масахиро Јамагучију на опреми.

Захваљујем се и читаоцима на небројеним писмима подршке, а и теби, драги читаоче, што си одвојио нешто времена да прочиташ Н. П.

Једног сунчаног новембарског поподнева с кијавицом, уз слатку урму,

Банана Јошимото

Банана Јошимото
Н. П.
∗

Издавачко предузеће
РАД
Београд, Дечанска 12
radbooks@eunet.yu
∗

За издавача
СИМОН СИМОНОВИЋ
∗

Лектор и коректор
ДАНИЦА ВУКИЋЕВИЋ
∗

Графички уредник
НЕНАД СИМОНОВИЋ
∗

Штампа
Елвод–Принт, Лазаревац

CIP - Каталогизација у публикацији Народна
библиотека Србије, Београд;

821.521-31

ЈОШИМОТО, Банана
Н. П. : роман / Банана Јошимото; превела с енглеског Ксенија
Тодоровић, - Београд : Рад, 2008 (Лазаревац :
Елвод-принт). - 144 стр, ; 20 цм. - (Библиотека Рад)

Преведено према: N. P. / Banana Joshimoto.

ISBN 978-86-09-00983-9

COBISS. SR - ID 148208652

www.ingramcontent.com/pod-product-compliance
Lightning Source LLC
Chambersburg PA
CBHW070557180626
46817CB00005B/1877